CW01494913

100 Portuguese Short Stories for Beginners

Learn Portuguese with Stories

Including Audiobook

Portuguese Edition

Foreign Language Book 1

World Language Institute Spain

ISBN:
ISBN-13:

Contents

Introduction

Reading culturally interesting and entertaining short stories to enhance your Portuguese is an easy way to improve your Portuguese language skills. This book contains a selection of 100 short stories for beginners and intermeditate learners with a wide range of genres, all prepared specifically for Portuguese language learners. The aim of this book is to teach different Portuguese vocabulary and phrases associated with short stories, and to improve your Portuguese language skills in a short period of time.

Advance as you read

Each of the first 60 short stories take about 2 minutes to read and average about 150 to 300 words. Important words and phrases relevant to each topic were carefully selected. The stories 60 to 100 are longer on average and slightly more advanced in terms of vocabulary, they also contain some of the vocabulary from the previous stories. The last 10 stories take about 3 to 5 minutes to read and consist of most of the previously mentioned vocabulary.

All stories are written by a Portuguese linguist and native speaker from Portugal to ensure you can learn from authentic material while fine-tuning your Portuguese vocabulary and improving your comprehension. The content is intended mainly for elementary to intermediate level learners, but it will also be useful for more advanced learners as a way of practicing their reading skills and comprehension of the Portuguese language. The stories have been arranged according to their degree of difficulty and each story is accompanied by a key vocabulary section and story related questions.

Using this book effectively

To learn Portuguese effectively you just read each Portuguese story at a time and study the vocabulary after reading.

Vocabulary will be introduced to you at a reasonable pace, so you're not overwhelmed with difficult words all at once. Here, you won't have to look up every other word, but you can simply enjoy the story and absorb new words simply from the story's context.

The Portuguese contained in here are written using easy to understand grammar and vocabulary that both, those at the beginner and intermediate levels can understand, appreciate, and learn from.

Some stories are focused on dialogue. These stories contain loads of natural dialogue, so you can learn conversational Portuguese as you read. This is doubly beneficial as you will improve your speaking ability as well. Over time, you will build an intuitive understanding of how Portuguese functions. This differs from a more theoretical understanding put together via learning rules and conceptual examples.

Free Audiobook in MP3 Format

At the end of this book, after the last story, you can find the download link for the audio file. It contains 40 of the more extensive stories (55 to 96) that you find in the book.

1. As chaves

Hoje estou atrasado, e tenho de sair para o trabalho rapidamente; estou literalmente a saltar para o meu carro. De repente, quando viro para a auto estrada, não tenho a certeza se trouxe as chaves de casa comigo. Estou a tocar na minha mochila. „Meu Deus! Esqueci-me das chaves," disse em voz alta. Inverto a marcha e conduzo de volta o mais rápido que consigo. Estaciono o carro mesmo em frente à minha porta, apesar de não ser permitido estacionar ou parar um carro. Eu vivo no terceiro andar e ainda corro pelas escadas, esperando safar-me disto. Procuro as chaves no meu apartamento mas não as encontro de imediato. Após alguns minutos apercebo-me: tinha deixado as chaves no meu casaco!

Desço as escadas a correr, de volta para o carro. Estou à procura. Onde está o meu carro? Vejo ao longe, um reboque que leva o meu carro.

2. Diálogo - O que é Cultura?

Estou sentado com vários estudantes num café em Porto.

Temos uma reunião internacional.

Americanos, Portugueses, e Alemães sentam-se numa mesa e discutem.

O Americano pergunta, „O que realmente significa cultura neste país?"

Eu digo, „Esse termo pode significar muito. Literatura, teatro, arte ou até a maneira como falamos, incluindo a maneira de te governares a ti mesmo."

„Também inclui o comportamento?" pergunta o Americano.

„Comportamento, em termos gerais, faz provavelmente, parte da cultura," diz o Alemão.

„Então isso significa que quando me comporto, tenho cultura," pergunta o

Americano, sorrindo.

„Mais ou menos," respondo. „Mas educação e boas maneiras também descrevem a cultura."

„Pode dizer-se que em Portugal eu tenho cultura e tu não?" pergunta o Americano.

„Não, isso seria arrogante", afirmo.

3. Intoxicação Alimentar

O meu irmão Marco sente-se terrível; ele tem estado de cama desde ontem. Está com náuseas, dores de cabeça, tosse e diarreia. Ele também se sente extremamente exausto e cansado. O meu pai leva o meu irmão ao médico. Ele explica tudo ao médico e o médico examina o Marco. O médico descobre que o Marco tem uma intoxicação alimentar. É uma situação perigosa, porque o Marco já está desidratado! O médico também aconselha a que o Marco fique na cama e tome medicação forte duas vezes por dia. O meu irmão acha que a intoxicação alimentar aconteceu devido a um kebab que comeu no dia antes, quando parou na baixa da cidade.

4. O Vizinho

Eu e a minha mãe estamos a observar o nosso novo vizinho. Todas as manhãs, às oito horas, ele sai de casa. Nós observámo-lo da janela da cozinha. O homem é jovem, e usa fato e gravata. Nós achamos que ele é um homem com classe. Ele chega e sai sempre a uma hora específica.

A minha mãe também tem muitos amigos, e frequentemente convida homens desconhecidos para entrarem em casa. Os homens são muito amigáveis e frequentemente oferecem presentes à minha mãe. Por vezes, depois das suas visitas, ficamos com muito dinheiro nas mãos. Quando os homens saem, nós normalmente vamos até ao centro comercial. Um dia, encontramos o novo vizinho no supermercado. A minha mãe sorri para o homem. Eles começam a falar. O vizinho vem a minha casa e passa tempo com a minha mãe. Um mês depois, a minha mãe diz, „vamos mudar de casa em breve. Vamos viver com o Roberto, o nosso vizinho. Eu convenci-o a deixar-nos viver com ele."

5. Dor de cabeça

A senhora Maria tem fortes dores de cabeça. O médico examina-a e receita uns comprimidos que a mulher deve tomar todos os dias. Para além disso, o médico dá à mulher uma lista de actividades para ela fazer. É suposto que ela faça ioga e meditação regularmente, uma vez que o médico diz que as dores de cabeça são provocadas por stress. A mulher faz as actividades por vários dias, mas as dores de cabeça continuam. Após uma semana, ela vai ao médico outra vez.

„Sente-se melhor?" pergunta o médico.

Ela diz que não, e que fica sempre com dores de cabeça quando está nervosa.

„Dorme o suficiente?" pergunta ele. Ela diz que não sabe. Após investigar melhor, o médico receita pastilhas para o nervosismo, comprimidos para o stress e Valium para dormir. Em casa, a senhora Maria tem uma grande caixa cheia de comprimidos e pastilhas.

6. Uma Nova Carta de Condução

Há três dias, recebi a minha carta de condução. Com uma carta de condução, posso conduzir practicamente qualquer carro do Reino Unido, e também da maioria dos países Europeus. Recebi a carta pouco depois do meu 18º aniversário. É importante que possa usar a minha carta de condução em todo o lado, porque preciso de conduzir até Portugal em breve.

Ao contrário de outros países, como os EUA, tirar a carta de condução na Europa pode ser muito caro. Mas há algumas diferenças na Europa. Por exemplo, na Alemanha uma carta de condução é válida enquanto se é vivo. Hoje estarei na auto estrada sozinho pela primeira vez, a conduzir o carro do meu pai, um Porsche. Vou conduzir devagar, e vou definitivamente deixar as garrafas de cerveja em casa.

7. Véspera de Ano Novo na Europa

Em Portugal, a Véspera de Ano Novo é sempre na noite de 31 de Dezembro. A maioria das pessoas celebra a véspera de Ano Novo com amigos e família. À meia-noite, há sempre foguetes. A maioria das famílias também prepara uma refeição especial. Refeições típicas de Ano Novo são marisco, massa ou piza; os Portugueses também adoram bolos. Frequentemente, a véspera de Ano Novo é uma ocasião, para muitas pessoas, para beber muito álcool. A maioria dos jovens também vai a festas, e alguns até vão dançar! O dia 1 de Janeiro é feriado em todo o país, com quase todos os negócios fechados. Dia 2 de Janeiro, no entanto, é um dia de trabalho normal na Europa.

8. Faturas e Contractos

Eu sou uma estudante de Portugal e vivo num pequeno apartamento fora de Londres. Tenho muitas coisas para pagar todos os meses. A renda é uma conta importante, e custa mais que tudo o resto. Todos os meses pago a renda, a conta da água, o meu telemóvel e a conta da electricidade. Normalmente, eu faço as contas serem automaticamente deduzidas da minha conta. Se não tiver dinheiro na minha conta, eu transfiro o dinheiro. Contractos devem ser tratados com seriedade em Inglaterra! Se quebrares um contracto neste país, ficarás certamente em apuros. Se o teu salário não é certo, é provavelmente melhor evitar contractos.

9. Viajante mundial

Eu nasci em Dayton, Ohio, mas para dizer a verdade, nunca me senti muito confortável lá. Felizmente, descobri países diferentes quando ainda era adolescente. Os meus pais viajavam muito e éramos sortudos por conseguir viver em diferentes países. Desde que me lembro que a Ásia, especialmente o Japão, me fascina. A Europa é interessante, mas não é fácil viver na maioria dos países, apesar de a cultura e, especialmente a comida, ser sempre a melhor. Quando fiquei um pouco mais velho, comecei a viajar sozinho. Conduzi até ao México, e daí fui até o Panamá. Estas viagens foram, claro, mais aventureiras que banais. Posso sinceramente dizer que viajar é educativo de muitas formas. Contacta-se com diferentes culturas e eu tornei-me bastante bom em competências sociais. A maioria dos Americanos viaja apenas dentro do seu país, e não há nada de errado com isso, mas, pessoalmente, acho que experiências internacionais educam mais e são boas para o cérebro.

10. Ser Chefe Como Passatempo

O meu nome é Ângela e hoje vou mostrar-vos como cozinhar costoleta. Eu prefiro carne de vaca, mas há muitas pessoas que também gostam de comer porco.

Primeiro, corto o bife em fatias finas. Depois bato neles mantendo a mão esticada até que estejam certos. Polvilho ambos os lados com sal e pimenta. Preparo três pratos: no primeiro prato tenho farinha, no segundo, um ovo batido e, no terceiro, pedaços de pão. As fatias são primeiro passadas pela farinha, depois pelo ovo e, finalmente, pelos pedaços de pão. A carne é frita dos dois lados por 2 ou 3 minutos numa frigideira.

11. A Invasão

Não consegui descansar toda a noite. Durmo sozinho, e de repente ouvi um barulho. Saltei da cama. Visto umas calças e examino a casa. Ouço passos. Vêm da sala. Quando entro na sala, está vazia. Não está lá ninguém. Agora eu reparo que a janela da varanda está aberta! Ligo as luzes e olho em volta. Os armários estão abertos, e as minhas coisas estão todas no chão. Estiveram ladrões aqui! Sinto-me mal, mas rapidamente reparo que não falta nada. Está tudo uma confusão, mas os ladrões não levaram nada. Estavam à procura de dinheiro ou jóias! Acredito que eram toxicodependentes, porque eles apenas roubam dinheiro. Eu não quero chamar a polícia; no próximo dia, vou arranjar uma arma.

12. Um Telemóvel Estragado

Eu não tenho conseguido carregar o meu telemóvel nos últimos dias. Primeiro, achei que o problema era do carregador. Esta pode não ser a razão, porque o carregador funciona com outro telemóvel. Felizmente, eu conheço uma loja onde o podem arranjar. Tenho de deixar lá o telemóvel por um dia, para que possam investigar. No dia seguinte, volto lá para ir buscar o meu telemóvel.

Tenho um pressentimento estranho. O vendedor mostra-me o meu telemóvel e abre-o. Parece que está tudo preto! O homem diz-me que o telemóvel foi danificado por um curto-circuito. A reparação custaria duzentos euros. Ele também diz que o telemóvel estava molhado, e que foi assim que se estragou. Hoje, ele tem uma oferta de um novo telemóvel. O novo telemóvel custa apenas trezentos euros.

Não tenho escolha, tenho de comprar um novo telemóvel. Nunca mais volto a usar o meu telemóvel na banheira.

13. Os Pintores

Os pintores chegaram esta manhã. Já há muito tempo que era preciso porque a nossa casa está bastante estragada.

Os pintores trouxeram uma escada e começaram por pintar as paredes de fora. Cada parede deve ser pintada com tinta branca. Eles carregam um balde de tinta, um pincel e um rolo. Com um rolo, é possível pintar muitas paredes em pouco tempo; apenas um dia deveria bastar para a nossa pequena casa. Mas eles ainda não acabaram.

As paredes interiores devem ser pintadas amanhã. Os pintores querem ser pagos imediatamente em dinheiro e sem responder a perguntas.

14. Desistir

No próximo mês, o João fará trinta anos. O problema é que ele fuma cigarros há mais de dez anos. Ele tentou todos os tipos de truques e métodos para parar de fumar. Nada ajudou, e ele sabe que precisa de tratamento. Por sorte, ele descobriu umas pequenas ilhas desertas que pertencem aos EUA, abaixo da fronteira Canadiana. Não existem ferries públicos e parecem o lugar ideal para deixar de fumar!

Depois de uma semana, o João já está na ilha. Ele planeia ficar por uma semana, até que a nicotina tenha abandonado o seu corpo.

Quando ele chega, atira o seu último maço para os arbustos. Após três dias, o João está aborrecido de morte. Curiosamente, ele encontra uma garrafa cheia de uísque nos arbustos. Ele não tem nada para fazer e, por isso, bebe o uísque. De repente, ele começa a ouvir música! Depois de investigar a fonte, ele encontra um homem velho, sentado em frente de uma cave a ouvir música e a fumar um cigarro.

„Que estás a fazer aqui?" pergunta o João.

O homem velho também está surpreendido.

„Estou aqui para desistir do álcool, e tu?"

„Estou a tentar parar de fumar. Esta é a tua garrafa de uísque?"

„Sim. E imagino que este seja o teu maço de cigarros, certo?"

O João acena com a cabeça. Ele sente-se muito tonto.

„Ouça, pode-me devolver os cigarros?"

„Claro, se me devolver a garrafa de uísque."

No fim, os homens chegaram a um acordo e continuaram os seus hábitos como antes.

15. Nadar

Somos um grupo de rapazes e somos nadadores ávidos. A maioria tem doze anos, e apenas o nosso amigo Pedro tem onze anos. Todas as sextas à tarde vamos à piscina pública. Primeiro, temos de ir aos balneários. Aí, mudamos as nossas roupas para calções de banho, e depois disso tomamos um banho. Temos de tomar banho antes e depois de nadar, é obrigatório nas piscinas públicas. Às vezes tomar banho leva muito tempo, porque gostamos de contar piadas e brincar. Quando chegamos à piscina, saltamos da prancha e começamos a nadar. Começamos por fazer 300 metros em crawl, depois disso, normalmente fazemos regime livre por vinte minutos. No fim, apenas brincamos com a water ball. Um nadador salvador está sempre na borda da piscina a observar-nos.

Na semana passada, quando acabamos de nadar, não tomamos banho porque uma criança desconhecida tinha deixado os seus excrementos no chuveiro.

16. Diálogo - Mercado Semanal de Agricultores

A minha família adora comprar produtos frescos de agricultores locais; é por isso que aos Sábados vamos todos ao mercado dos agricultores. O meu marido gosta de cozinhar, e apenas compra legumes no mercado.

A nossa banca preferida fica no fim do mercado, onde também podemos comprar ervas frescas.

„Bom dia Maria e Carlos, que bom ver-vos."

„Bom dia António. Qual a coisa mais fresca que tens hoje?"

„Maria, sabes que todos os meus produtos são frescos, vem tudo directamente da eco-quinta."

„Então, de todas as bancas aqui, eles entregam aqui primeiro?"

„Exatamente. Estou aqui na entrada do mercado, é por isso que recebo os produtos primeiro."

„Está bem, António. Então, levamos dois quilos de tomate, e cerca de três quilos de batatas. E ainda algumas cenouras, por favor."

„Mais alguma coisa?"

„Também vendes figos?"

„Não, eles não crescem por aqui."

„Está bem, quanto é?"

„São seis euros no total."

17. A Experiência

Na escola, a Sandra pergunta aos seus colegas: „É verdade que as pessoas velhas têm um cheiro diferente?"

A sua amiga Gabriela responde, „Bem, eles cheiram todos a podre."

O João ri-se. „Não, só os mortos estão podres. As pessoas velhas ainda não estão mortas. Ainda estão vivas."

A Gabriela dá uma gargalhada. „Está bem. Então, vamos chamá-los maduros. Mas para que saibas, não me importa como chamamos as pessoas velhas. Eu só não quero estar perto delas."

O João levanta a mão. „Espera um minuto. Uma vez vi uma experiência no Youtube. Mostrava que as pessoas velhas não têm um cheiro diferente. Os cientistas deixaram três grupos de pessoas a dormir em camisas: velhos, de meia idade e jovens. Cada pessoa teve de dormir com a mesma camisa por cinco noites, e as camisas não foram lavadas.

Depois pediram a voluntários para cheirar as camisas. Os voluntários não sabiam que camisa vinha de que grupo, mas todos concordaram que as camisas das pessoas mais velhas cheiravam melhor."

„Que tipo de voluntários eram essas pessoas, que queriam cheirar camisas de velhos?" perguntou a Sandra.

João: „Eram velhos reformados, claro."

18. Diálogo - Ciclovias numa Cidade Europeia

Na semana passada, fui de bicicleta para a universidade. Havia duas ciclovias na estrada. No lado oposto, estava uma jovem rapariga. Ela era muito bonita. Ela pedalou em paralelo comigo.

De repente, ela parou e gritou: "Estás no lado errado!"

Ambos paramos. Ela aproximou-se.

"Não sabes as regras de trânsito?", perguntou.

Eu disse, "Só queria poupar tempo."

Ela respondeu, "Não poupas tempo se magoares alguém. Um acidente pode danificar a tua bicicleta. Podes acabar no hospital! Tens de levar o teu tempo. Acontecem acidentes todos os dias porque as pessoas não têm tempo! Queres magoar-te a ti próprio também?"

Eu depois perguntei-lhe, "És casada?"

19. Novos Vizinhos

Desde que me mudei para um novo apartamento, tenho novos vizinhos. Uma família vive acima de nós, e as crianças ainda são pequenas. Às vezes, ouço-as a brincar. De noite, os pais raramente estão em casa e as crianças frequentemente gritam de uma forma estranha. Também há um jovem a viver no apartamento em frente ao nosso. Ele é estudante e vive sozinho, mas tem um gato no seu apartamento. Ele normalmente cumprimenta-me, quando nos cruzamos nas escadas. Na próxima semana, temos uma reunião de condomínio, onde todos os inquilinos se encontram e discutem assuntos relacionados com o prédio. Estou ansioso pela reunião, uma vez que poderei dizer o que acho que está certo e errado neste sítio.

20. O Funeral

Na semana passada, a minha avó morreu. Toda a família está muito triste. O funeral será ao fim da tarde, e talvez uma parte da família se junte para jantar num restaurante. Por tradição, a maioria dos mortos é enterrada, mas as cremações estão a tornar-se cada vez mais comuns, pois algumas pessoas acham que é mais prático. Quando as pessoas vão a um funeral, encontram-se na igreja primeiro. Aí, todos podem ver o caixão, bem decorado com grinaldas e flores. O padre faz um discurso sobre a vida do morto. Depois, todos se encontram lá fora. O caixão é carregado até à sepultura. Família e amigos seguem o caixão e, no fim, o caixão é lentamente largado num grande buraco., Os meus parentes e irmãos, atiram terra para o caixão, como um último adeus.

21. A Caixa Multibanco

Amanhã é fim de semana. Eu quero pagar com dinheiro no supermercado e depois ir ao cinema. Antes disso, tenho de ir à caixa multibanco levantar dinheiro.

Primeiro, ponho o meu cartão na caixa multibanco. Aparece no ecrã um pedido para eu introduzir o meu código secreto. O código secreto, também conhecido como PIN, consiste em quatro números. Depois disso, tenho acesso à minha conta. Também posso ver no ecrã o quão alta está a balança da minha conta. Decido levantar cinquenta euros. Depois de levantar o dinheiro, tenho de retirar o meu cartão. Finalmente, recebo um recibo.

22. Álcoolicos

Hoje em dia, muitas pessoas bebem demasiado álcool. Existem milhões de álcoolicos em todo o mundo. É por isso que muitas pessoas morrem de doenças associadas ao álcool, como a cirrose. No entanto, parece que todas as pessoas bebem álcool, de uma forma ou de outra. É socialmente aceitável, por isso, a pergunta é: quão prejudicial pode ser o álcool? A maioria dos médicos e especialistas concorda que é a quantidade diária que faz a maior diferença. Demasiado álcool pode danificar vários órgãos, especialmente o cérebro, o estômago e os intestinos. Há também muitas razões para que uma pessoa se torne álcoolica.

Psicólogos descobriram que algumas das principais razões para uma pessoa agarrar uma garrafa são a solidão e a frustração. Lutar contra o vício pode ser muito difícil, mas não é impossível. A maioria dos álcoolicos consegue tratar-se a si mesma ao simplesmente diminuir a quantidade ou parar mudando o seu comportamento, mas um médico também pode ajudar com terapia. O apoio de amigos e família pode representar também um papel importante.

23. Cortar o Cabo

Ao longo dos anos, a nossa subscrição de TV por cabo foi-se transformando mais em fardo do que em satisfação. Nós não somos ricos e temos, na verdade, de cuidadosamente contar cada dólar que gastamos. Um dos luxos mais desnecesários que concedemos a nós mesmos é a TV por cabo. Os nossos filhos adoram e o meu marido vê canais de desporo e de notícias a toda a hora. No entanto, a nossa conta mensal está perigosamente perto da marca dos 200 dólares, algo que já não podemos ignorar. Uma vez que ninguém na nossa família está muito habituado a lidar com tecnologia moderna, tive de fazer alguma pesquisa. Transmissão de televisão através de um certo cabo parece ser o truque. Convenci o meu marido a comprar uma smart TV e um pequeno aparelho chamado Roku. Desde aí, todos vemos televisão através de canais de transmissão como Sling, PlayStation Vue e outros; como resultado, poupamos muito dinheiro. Claro que nada na vida é gratuito. Temos de pagar pelos canais mensalmente, mas são muito mais baratos que a televisão a cabo. O que importa é que esta tecnologia relativamente recente é mais barata, e também estamos livres de bombardeamentos publicitários constantes.

24. Estrangeiros na Grã-Bretanha

Em Inglaterra, há muitos pontos de referência para visitas turísticas e destinos turísticos populares em geral. Provavelmente, as cidades mais visitadas por turistas estrangeiros são Londres, Brighton, Yorkshire e, provavelmente, o ponto mais visitado na Grã-Bretanha é o misterioso Stonehenge. A maioria dos visitantes estrangeiros quer ficar em Londres, uma vez que há centenas de locais famosos para ver. Westminster Abbey, Big Ben, o Palácio de Buckingham, Pickadilly Circus e o British Musuem são provavelmente alguns dos locais mais visitados mundialmente. Só Londres recebe mais de noventa milhões de visitantes por ano, e uma vez que o valor da Libra caiu vertiginosamente nos últimos anos, o Reino Unido continuará a ser um destino muito popular. A razão mais comum para que estrangeiros gostem da Grã-Bretanha é, provavelmente, a sua cultura, por exemplo, a hora do chá, a cultura dos pubs, e a Rainha, mas também a sua história, que parece estar em todo o lado e associada a tudo na sua cultura.

25. O Guia Turístico

O Carlos nasceu e cresceu no Porto, mas está a viver em Nova Jersey há mais de uma década. Desde que teve um acidente e ninguém pôde ajudar a cuidar dele; ele decidiu voltar ao seu país e viver lá com a sua família. Agora, ele é guia turístico no Porto. O Carlos aceita visitas de grupos, assim como individuais. Ele é bastante popular e afirmou o seu nome como guia com muito conhecimento, que criou uma pequena legião de fãs em várias plataformas de viagens online. Normalmente, as visitas começam de manhã cedo e duram até ao fim da tarde. Muitos turistas questionam como Carlos fala Inglês sem sotaque. Ele fala um pouco sobre si, mas isso normalmente leva a perguntas mais privadas. O Carlos não é desatento; para cada pergunta, ele tem uma resposta perfeitamente preparada. Isto é algo que aprendeu nos EUA.

26. Para o Aeroporto

Hoje começam as minhas férias e vou apanhar um avião para visitar a minha família. Às onze horas apanho um táxi que me leva ao aeroporto. A viagem de táxi demora cerca de uma hora e vai custar-me cerca de sessenta dólares. Depois disso, ainda tenho tempo suficiente até que o meu voo parta. Já fiz a minha mala. Fazer uma mala não é brincadeira de criança, tudo tem de ser planeado e considerado. Se me esquecer de alguma coisa, vou provavelmente ter de a comprar com alguma despesa no destino.

Já só falta um minuto para as onze e eu estou a ficar impaciente. Finalmente, o táxi chega. O condutor ajuda-me a transportar a minha mala desde a minha casa até ao carro. Sento-me no banco de trás e observo o medidor cobrar-me um dólar por cada cem metros, ou algo assim. Por vezes, eles oferecem taxas fixas, mas esta companhia não; acho que é diferente em cada cidade e estado. De qualquer das formas, quando chegamos, dou uma gorjeta ao motorista, visto que ele não fez desvios desnecessários.

27. A Grande Mudança

Nós planeamos mudar-nos para outra cidade. Há semanas que planeamos tudo, mas esta Sexta vamos finalmente mudar-nos. Todos os nosso pertences foram embalados em caixas e a maior parte da nossa mobília foi cuidadosamente embrulhada em cobertores e folhas. Para além disso, fizemos uma lista de todos os items que estão nas caixas; isto vai ajudar-nos a poupar tempo quando arrumarmos todas as nossas coisas. É difícil fazer uma mudança sozinhos, e por isso pedimos ajuda aos nossos amigos. Também alugamos um camião para esse dia. Visto que vamos fazer tudo nós mesmos, com alguma ajuda de amigos e vizinhos, estamos a poupar muito dinheiro. Companhias de mudanças profissionais são caras e nós preferimos guardar o nosso dinheiro para comprar mais mobília, uma vez que a nova casa é maior que a antiga.

28. Conduzir e Estacionar na Alemanha

Acabei de me mudar para a Alemanha. Este é, claramente, um país para carros; a auto-estrada chama-se Autobahn e estas são estradas excelentes para viajar a grandes velocidades. A maioria dos Alemães tem uma garagem e algumas famílias até têm vários carros. Mas nem tudo é perfeito neste país; a maioria dos Alemães sabe que no centro das cidades não há parques de estacionamento grátis. Se procura um espaço em que possa estacionar de graça, pode procurar por horas até que finalmente encontre um.

Garagens de estacionamento podem ser muito caras, especialmente se precisa de uma por um dia inteiro ou até um longo período de tempo.

As pessoas que vivem na cidade precisam frequentemente de se candidatar a um cartão de estacionamento como residentes. Neste país, cada residente tem de estar registado nas autoridades, o que pode ser uma coisa boa ou muito má. Aqueles que não conseguem arranjar um cartão de estacionamento como residentes, mas precisam de estacionar o carro nos centros, têm de deixar o carro nos arredores da cidade e usar transportes públicos.

29. Ir ao Supermercado

O meu nome é Fátima. Sou do Médio Oriente; mas estou a viver em Lisboa, onde me consegui pôr bastante confortável, especialmente desde que posso viver aqui com a minha família. Ir ao supermercado é uma das minhas necessidades diárias. Normalmente faço isso de manhã, quando há menos clientes nos supermercados. Para poupar dinheiro, preparo sempre uma lista. Por exemplo, hoje preciso de arroz, legumes, leite, sardinhas e massa. Se encontrar ofertas baratas, compro em quantidades maiores.

Batatas e porco não estão muito frequentemente nos meus menus, visto que são produtos mais para os Portugueses. Na maioria dos supermercados, tens de carregar os teus próprios sacos e podes pagar com o teu cartão de crédito.

30. Uma Casa Limpa

Tenho de limpar intensivamente toda a casa, uma vez por ano. Isto normalmente acontece na primavera, quando há menos humidade na casa. Somos uma família relativamente grande, com quatro crianças, todos adolescentes, por isso a desarrumação é constante. A nossa casa é uma casa de família bastante típica, com uma garagem e um pequeno sótão. A sala de estar está ligada à cozinha. Também temos um congelador extra fora de casa, onde armazenamos carne. Uma parte dessa carne vem da caça que o meu pai normalmente practica aos fins de semana. De qualquer das formas, quando começamos, limpamos primeiro os quartos das crianças. Limpamos o chão e as janelas; temos de passar a esfregona no chão mais de uma vez até que fique a brilhar e tenha aparência de novo. Eu limpo pessoalmente a mobília, e preciso, normalmente, de dia e meio para limpar a cozinha. O meu irmão limpa a garagem e ajuda a levar o lixo. Somos uma família limpa e funcional, com uma casa limpa e crianças saudáveis. Estamos, com razão, orgulhosos de nós memos.

31. Planos Futuros no México

Estou de férias no México e a caminhar na praia. Estou a olhar para o mar. Os meus pensamentos viajam até ao futuro. Como será o meu futuro? O que é suposto eu fazer? Sonho em terminar a minha educação com um doutoramento em medicina. Assim, poderia realmente tornar-me médica e trabalhar num hospital. Poderia até ter o meu próprio negócio. Também me imagino como cirurgiã plástica. Sei que eles ganham muito dinheiro e a maioria tem uma boa reputação. Alguns deles até se tornam celebridades. Os meus pensamentos vão ainda mais além. Também podia acabar a minha educação com honras e depois terminar a minha vida. Mas, eu gosto de onde estou agora. Talvez devesse ficar aqui no México e passar a minha vida numa rede para dormir.

32. Diálogo- Jantar à Moda Europeia

Ao contrário dos EUA, em muitos países europeus, um cliente pode simplesmente entrar num restaurante e escolher um lugar que esteja disponível e onde se sinta confortável. No entanto, em restaurantes mais luxuosos, o mais comum é não haver ementas na mesa, por isso tem de se pedir uma ao empregado. Normalmente, os empregados usam uma camisa branca e calças pretas. Também andam com um pequeno caderno onde anotam os pedidos.

Frequentemente, uma conversa entre um cliente e um empregado segue este padrão:

Empregado: „Boa noite, já encontrou algo que gostaria de pedir?"

Cliente: „Quero costela e uma salada, número 5 da ementa."

Empregado: „Muito bem, o que gostaria de beber?"

Cliente: „Apenas água mineral."

Empregado: „Com ou sem gás?"

Cliente: „Água sem gás."

Empregado: „Então quer uma salada, costoleta e água mineral sem gás, correcto?"

O cliente acena com a cabeça.

Depois da refeição, o cliente diz: „A conta, por favor."

A gorjeta é sempre voluntária e na maioria dos países não está incluída na conta.

33. O Nosso Passeio de Bicicleta

Somos dois jovens rapazes que estão de férias na Holanda. Neste país, todas as pessoas têm uma bicicleta e faz parte da sua cultura; é por isso que alugamos uma bicicleta por uma semana inteira, para explorar não só as grandes cidades, como Amesterdão, mas também a zona rural. Desde manhã cedo até à noite, pedalamos nas nossas bicicletas e tentamos percorrer grandes distâncias todos os dias. Normalmente, pedalamos cerca de cinquenta quilómetros por dia. Não existem montanhas, por isso podemos pedalar o mais rápido que conseguimos. As nossas biciletas estão completamente equipadas, com faróis dianteiros e traseiros, mudanças de velocidade, uma campainha e até uma bomba de ar. Para além disso, também usamos capacete e uma camisola colorida. Gostamos de pensar em nós mesmos como ciclistas semi-profissionais. Para mim, é mais um desporto, mas o meu amigo já sonha em participar na Volta à França.

34. Uma Visita ao Médico

A Elsa achava mesmo que estava grávida. Pelo seu estômago já parecia que ela tinha engolido algumas bolas de basquetebol quando ela decidiu que estava na altura de ligar ao médico para saber os resultados dos últimos exames. Mas, tal como na vez anterior, o médico confirmou que ela não estava grávida. Mesmo assim, nas semanas seguintes, a Elsa ganhou alguns quilos. Para além disso, o seu estômago ficou com uma forma estranha; parecia uma grande batata. A balança mostrava mais de 130 quilos e a Elsa não conseguia encontrar uma explicação. Eventualmente, a Elsa foi a um hospital para uma cirurgia estética para, basicamente, retirar a gordura do seu corpo. Quando a Elsa saiu do hospital, pesava apenas 50 quilos. Ela questionou o cirurgião sobre a sua doença. O médico apontou para o jardim em frente ao hospital.

„Vê aquele burro no jardim? Tirámo-lo do seu corpo. Agora está curada."

35. O Restaurante Português

O Miguel abriu recentemente um restaurante na „Bay Area", e a sua especialidade é gastronomia tradicional portuguesa. Na verdade, o restaurante faz parte da sua casa, que também tem um grande jardim e é muito espaçosa. Uma noite, quando ele queria fechar o restaurante, chegou um jovem casal. A sua mulher, que trabalha na cozinha, pensava a razão pela qual o seu marido ainda deixava clientes entrar.

„Miguel, a cozinha já está fechada. Para além disso, não temos o suficiente no frigorífico para cozinhar mais duas refeições."

O Miguel abana a cabeça „Na verdade, temos. Ainda tenho coelho ali."

„Mas a maioria das pessoas não gosta de coelho.", queixa-se a mulher.

„Eu conheço uma receita muito antiga de um livro de receitas muito antigo. Deixa-me tentar."

„Quanto tempo precisas até teres cozinhado isso?"

„Vou precisar de cerca de uma hora. Ainda tenho de tirar a pele, pois matei o coelho no jardim há pouco."

36. O Abajur Misteriosa

O que o Bruno Silva queria inicialmente comprar neste mercado era uma bateria. Ele achou que, para comprar uma bateria decente, ele tinha de ir a um grande mercado que normalmente se realiza aos fins de semana numa grande cidade. Por isso, foi no domingo que ele viu uma bateria grande e vermelha numa banca que também tinha muitas coisas velhas e partidas, aparentemente items inúteis. Por alguma razão, o vendedor não queria vender-lhe a bateria.

„Não sabes ler?", perguntou o velho vendedor. Ele apontou para uma tabuleta feita à mão que dizia: Leve tudo por 100 euros.

Parecia que o homem não lhe queria vender só a bateria. Então o Bruno viu um abajur vintage antigo que lhe pareceu muito interessante; um abajur típico que se podia pôr no quarto. Ele podia usar um abajur como aquele.

O Bruno perguntou ao homem se podia comprar a bateria e o abajur. O homem velho acenou com a cabeça. O Bruno observou melhor o abajur. Havia linhas decorativas antigas no abajur que os pergaminhos também têm, e uma cor viva. Depois, viu o que parecia um número longo no canto do abajur. Seria uma tatuagem?

„De que é feito este abajur?", perguntou o Bruno ao homem.

„Não acho que seja pele de animal", respondeu o homem. „Eu comprei isso no mercado de Buchenwald."

37. Um Casamento Pouco Habitual

O Sr. Fernandes é contabilista, mas trabalha numa grande companhia de seguros. Ele tem a excelente reputação de ser confiável e ter muita ética profissional. Num curto período de tempo, foi promovido a gerente superior. No entanto, nas últimas semanas, o Sr. Fernandes tem estado frequentemente doente. Também parece que ele não está muito focado. Os seus colegas dizem que ele parece distraído com algo. Na verdade, o Sr. Fernandes tem um segredo. Há já algum tempo que está noivo; mas o seu verdadeiro segredo é que ele a conheceu na rua.

Quando a conheceu, ele pagou pelo tempo dela. Um dia, ele diz aos colegas que planeia casar-se com a sua noiva. Um dos seus colegas sempre suspeitou e sempre sentiu inveja dele. Depois de alguma pesquisa na internet, ele descobre que a noiva do Sr. Fernandes tem um passado questionável. Ele informa os chefes das suas descobertas. Eles dão-lhe uma escolha. Ele pode manter o trabalho, mas não casa com essa mulher, ou deixa a empresa. O Sr. Fernandes está desesperado. Deve casar com a mulher ou manter o seu trabalho? Eventualmente, diz aos patrões "Vou-me casar. Mas não me vou casar com a mulher. Em vez disso, caso-me com o meu escritório, se me derem um contrato vitalício."

38. Sapatos Novos

Hoje o António vai comprar sapatos novos. Numa sapataria, ele pergunta ao vendedor se têm sapatos de trabalho. O vendedor responde que têm sapatos para o trabalho em saldos, com um preço especial. O António vê um par de que gosta particularmente na prateleira. Ele pergunta se têm aqueles sapatos no seu tamanho. O vendedor responde, „Desculpe, eles vêm assim como são, sem garantias de sapatos em saldo." O António vê o preço e compra os sapatos ad hoc. No dia seguinte, o António está a usar os seus novos sapatos.

No entanto, à noite ele volta a mancar pois o seu calcanhar está magoado. A sua mulher abana a cabeça.

„Poque compraste sapatos demasiado pequenos para ti?"

O António responde. „Apenas um deles é demasiado pequeno. É por isso que foram uma pechincha."

39. Controlar Bilhetes

Lembro-me que quando era criança passava algum tempo na Alemanha; até frequentei a escola lá. Neste país, os comboios são uma parte essencial dos transportes diários. Nós éramos um grupo de quatro crianças e era um inverno com muita neve. A Irma era uma das crianças mais pequenas, nessa altura ela tinha apenas onze anos. Fizemos uma viagem de comboio de Munique para uma cidade mais pequena. Era um comboio bonito e moderno, e até tínhamos o nosso próprio compartimento. Ouvimos alguém bater à porta. Era o revisor, um homem de uniforme, só para ver se tínhamos comprado bilhetes. Um por um, ele inspecionou os bilhetes, mas a Irma procurava nervosamente na sua mochila; ela não conseguia encontrar o seu bilhete. O revisor pediu-lhe a identificação, depois disso para o seguir. Nessa altura, o comboio estava parado numa pequena cidade. Esperamos que a Irma voltasse mas nada aconteceu. De repente, o comboio moveu-se e vimos pela janela a Irma sozinha na estação de comboios, assustada. Depois reparamos que a Irma parecia diferente. Depois reparamos que a Irma estava sem casaco! Ela tinha-o deixado no banco, e aparentemente o revisor tinha-a expulsado do comboio, deixando-a praticamente a congelar na estação.

40. Desempregada

A Laura está outra vez desempregada. Nos últimos três anos, ela tem trabalhado como contabilista, mas a empresa foi à falência. A empresa em que estaba antes transferiu todos os serviços de contabilidade para uma empresa na Índia. Na última década, a Laura esteve empregada de vez em quando, por vezes com muitos meses sem trabalho pelo meio. Porém, a Laura pensa em si mesma como uma pessoa confiável, pontual e com alguma sorte, pensa ela, estará empregada de novo em breve. Ela visita os websites de classificados, assim como os jornais locais todos os dias. Ela envia o seu currículo para todas as empresas que pode, com esperanças de arranjar um trabalho, uma vez que o desemprego diminui as suas poupanças. Uma das suas mais importantes regras é nunca desistir. O seu trabalho de sonho ainda é ser contabilista, mas ela sabe que os tempos mudaram. Ela é flexível, uma vez que encontrar trabalho como secretária também serviria.

41. Divorciada

No ano passado, divorciei-me do meu marido. O meu ex-marido é um alcoólico e não consegue sustentar a família. Felizmente, as crianças já trabalham, mas mesmo assim, precisam de apoio financeiro de vez em quando. Encontro-me com outras mães divorciadas uma vez por semana. Fazemos excursões frequentemente ou partilhamos atividades de lazer. Algumas das minhas amigas divorciadas vão casar outra vez, como acontece bastantes vezes. Reparei que se as pessoas ficarem sozinhas por muito tempo, se tornam alcoólicas frequentemente. Não só disse adeus ao meu marido, mas também ao álcool; estou no caminho certo para controlar a minha vida de novo.

42. Autocarros e Comboios

O Marco e a Ana são irmãos. Todas as manhãs de fim de semana, começam uma viagem para visitar a sua avó. A sua avó vive numa cidade distante. Uma vez que os irmãos não têm um carro, têm de apanhar transportes públicos, precisamente o comboio e o autocarro. Primeiro, têm de apanhar um comboio para a grande cidade mais próxima. Na principal estação de comboios, têm de apanhar o metro até ao outro lado da cidade. Depois disso, quando finalmente chegam à última estação fora da cidade, têm de apanhar um autocarro para chegar ao destino final; uma aldeia da zona rural. Toda a viagem demora cerca de meio dia e normalmente chegam a tempo do almoço. Depois de descansar por cerca de uma hora, eles partem e fazem a viagem de regresso à cidade, apanhando todos os comboios de novo para chegar a casa a tempo do jantar. Ambos poupam avidamente para comprar um carro, pois uma viagem de carro até à casa da sua avó levaria apenas uma hora.

43. Um Livro Famoso

Há um mês que estou a ler um livro fascinante, escrito por um autor famoso. O livro é um romance sobre um homem velho que vai pescar no oceano. Ele tem de lutar com um peixe grande e forte; e, no fim, o homem velho vence. No entanto, o livro mostra um significado mais profundo. O autor é Ernest Hemingway, que escreveu o livro O Velho e o Mar em 1951 em Cuba. Este trabalho é considerado um dos melhores na literatura mundial. Venceu o Prémio Nobel de Literatura. Estou absolutamente fascinada com este livro, e adoraria ler mais livros deste autor. Também acho que bons livros são muito melhores que filmes.

44. Uma Salada Simples

A Isabel trabalha num restaurante luxuoso em Londres. Ela começou há duas semanas. Habitualmente, trabalha na cozinha, mas quando o restaurante está cheio, também tem de ajudar a servir às mesas. O chefe é conhecido e uma celebridade, e hoje ele vai trabalhar na cozinha. O serviço de jantar começou e os primeiros pedidos já estão a chegar. O chefe grita: „Preciso de uma salada simples, Isabel!"

A Isabel começa imediatamente a trabalhar. Primeiro, corta alface e mistura a salada com pepinos fatiados. Ela corta também um tomate em quatro pedaços, corta uma cebola, e algumas azeitonas. No fim, ela mistura todos os ingredientes com azeite, vinagre, sal e pimenta. „A salada está pronta," grita a Isabel.

O chefe olha espantado para o prato.

„Chamas a isto uma salada simples?"

45. Páscoa

A Páscoa em Portugal, na Inglaterra e na
Europa em geral, é um dia de festa que
envolve toda a família. Na Sexta feira Santa,
na zona rural, costumam fazer fogueiras onde
família e amigos se reúnem para um
churrasco e por vezes ouvem música. A
Páscoa é uma tradição em muitos países.

Para as crianças, a manhã de Páscoa é, na
verdade, o dia mais importante da festa. De
manhã, as crianças adoram pintar ovos
cozidos e escondem-nos nos arbustos.
Fazem disso um jogo para encontrar os ovos
escondidos, mas nem todos os ovos são
encontrados. Pode acontecer que mesmo
semanas depois da Páscoa, a terra ainda
cheire a ovos podres que não foram
encontrados.

46. Comida Vegan

A Maria sabe que precisa de fazer dieta. Ela leu muitos livros de receitas para dietas e faz alongamentos de manhã. Ela também estudou e experimentou muitas receitas, mas muitas receitas contêm carne, um alimento que a Maria tenta evitar. No entanto, cozinhar leva muito tempo e sempre que possível ela tenta encontrar um restaurante saudável, pois ela não quer cozinhar todos os dias. Um bom amigo falou-lhe de um bom restaurante vegetariano. A Maria vai ao restaurante e acha os pratos absolutamente deliciosos. Quase todos os pratos são vegetarianos, e alguns até são vegan. Depois de pouco tempo, a Maria tornou-se cliente habitual.

A sua refeição preferida é sopa de vegatais que, supostamente, não tem nenhuma carne. Um dia, ela pergunta ao cozinheiro porque é que a sopa é tão deliciosa, pois quer saber o segredo. O cozinheiro responde que ele usa sempre frango.

47. Evacuação

Nós somos reformados e vivemos num lar de idosos. No outono passado, houve uma grande tempestade. A tempestade foi apenas o começo. Depois disso, choveu por vários dias, toda a cidade foi inundada. No fim, houve uma falta de energia. O aquecimento, a eletricidade, e até o telefone estava morto. Primeiro, não nos importamos muito, mas durante a noite ficou muito frio com a temperatura a descer abaixo de zero. Passaram três dias até que os autocarros chegassem; era suposto evacuarem o lar. Para nossa surpresa, os autocarros não eram para nós. Em vez disso, pararam na porta ao lado, onde há um resort de luxo. Eles foram os primeiros, disseram-nos, porque pagaram muito pelo aluguer dos autocarros. Não podíamos competir com isso. Quando partiram, os hóspedes acenaram para nós. Nós ficamos no lar, e felizmente, após mais alguns dias, os vizinhos evacuaram-nos um a um.

48. Trabalhadores

Eu costumava trabalhar na construção civil.
Nesses dias, tinha de carregar muitos
materiais pesados, frequentemente tijolos e
cimento. Por vezes,também tinha de limpar o
asfalto com uma vassoura. Um dia, uma
rapariga aproximou-se de mim e perguntou-
me porque é que eu suava tanto. Eu disse-
lhe, „É porque tenho de trabalhar muito." Mas
ela ainda perguntou, „porque não trabalhas
noutra coisa qualquer?". Eu respondi „Porque
apenas sou qualificado para trabalhos
pesados." De repente, o meu patrão chegou e
gritou, „O que estás a fazer? Pago-te para
trabalhares, não para conversares."

Eu respondi: „A rapariga fez apenas uma
pergunta inocente."

„Ela perguntou o quê?"

„Porque é eu que eu suo tanto?"

„Basta," disse ele, „Não somos uma creche.
Trabalha."

No dia seguinte, não voltei ao trabalho. Tentei encontrar outra coisa. Eventualmente, encontrei um trabalho bem remunerado a limpar esgotos. O novo emprego tinha uma vantagem: pelo menos não suava tanto.

49. Debaixo do Poste de Iluminação

O Martim está a estudar em Lisboa e trabalha no turno da noite de um restaurante. Apesar de estudar e trabalhar muito, ainda não se sente em casa. Uma das razões para isso é que ele não tem contactos sociais. Ele é um sonhador e ainda tem de perceber como passar o seu tempo livre. Todas as noites, quando volta do trabalho, tem de passar por um parque. É um parque grande e vazio, com excepção para alguns corredores, não há muitas pessoas.

É um parque bonito com postes de iluminação tipicamente portugueses e bancos. Numa noite, o Martim reparou numa mulher que estava sozinha, debaixo de um poste de iluminação. Ela parece etar à espera de alguém. O Martim também acha que a mulher é muito atraente. Nanoite seguinte, a mesma mulher espera outra vez debaixo do poste. Quando o Martim vai para a cama à noite, ainda pensa na mulher. Uma mulher muito atraente com maquiagem leve e saltos altos. A situação repete-se muitas vezes nas semanas seguintes. No entanto, o Martim é demasiado tímido para falar com ela, apesar de por vezes desejar ter coragem para o fazer. Numa sexta feira à noite, o Martim aproxima-se da mulher. Hoje está determinado a falar com ela. A mulher recebe-o com um sorriso. Ela diz, „Vens comigo?"

50. A Minha Melhor Amiga

Sou amigo da Ângela desde o secundário.
Passados cinco anos, ainda mantemos
contacto regular, apesar de vivermos em
cidades diferentes. No que toca a coisas
importantes da vida, apoiamo-nos sempre um
ao outro. Ambos temos planos para continuar
para uma universidade específica. Esta seria
uma maneira perfeita de nos apoiarmos um
ao outro outra vez. Os meus lados fortes
sempre foram matemática e física, enquanto
a minha amiga prefere línguas e artes. De
alguma forma, sempre soube o que ela gosta
e vice-versa. Por vezes, até nos apoiamos um
ao outro quando estamos ansiosos ou
zangados. Tive de a acalmar algumas vezes,
especialmente quando ela teve problemas
com o seu namorado. No fundo, temos uma
amizade indestrutível que espero que
sobreviva a tudo.

51. Preparações

O meu nome é Nuno e na próxima sexta celebro o meu aniversário no meu novo apartamento. Vou fazer 30 anos. De manhã, a minha família vem visitar-me. Os meus pais vêm com os meus irmãos e avós. De tarde, vou encontrar-me com os meus amigos, pois todos receberam o meu convite. Na verdade, convidei-os a ficar também para o jantar. A minha mãe vai ajudar-me, pois não sou muito bom cozinheiro. Ela vai preparar frango ou carne, e, mais importante, ela prometeu trazer um grande bolo. O bolo tem de estar decorado com trinta velas! Acho que será um bolo encomendado a uma pastelaria que também faz bolos artísticos. Ouvi dizer que não aceitam todos os clientes, o que me fez sorrir. De qualquer das formas, esta será uma festa de aniversário muito importante para mim.

52. Redes Sociais

O meu nome é Nicole. O aspecto mais importante na vida para mim é parecer e sentir-me saudável. Ser bonita também faz parte do meu negócio. Há alguns anos atrás, comecei um negócio online onde vendo cosméticos e perfumes. Para expandir o meu negócio, uso diferentes plataformas sociais para espalhar a mensagem, tais como Twitter e Facebook. Para além disso, uso plataformas visualmente fortes; as minhas preferidas são Instagram e Pinterest. Tento passar a informação de como as mulheres podem ficar jovens e bonitas. Curiosamente, fiz muitos amigos virtuais, e parece que todas as pessoas se querem conectar comigo. No fim, muitos clientes acabam por se tornar amigos, ou até parceiros de negócios. Nunca me arrependi de ter voltado para o meu antigo trabalho como vendedora. A minha vida, os meus amigos, e o meu dinheiro vêm do meu negócio online.

53. Grande Emprestador, Grande Gastador

Às vezes vou a um bar, depois do trabalho. Normalmente, peço uma grande cerveja e, se tiver oportunidade, vejo um jogo de futebol. A maioria dos homens que vai ao bar são clientes habituais, e conheço pessoalmente alguns deles. Para mim, é sempre fascinante saber sobre as suas diferentes origens. Há um cliente que acho que vai lá todos os dias há vários anos. Ele gosta de falar de si mesmo; gosta de dizer que é um empresário de sucesso e que é basicamente um homem rico. Um dia, pede-me um favor. Pergunta se lhe posso emprestar 50 euros. Normalmente, não sou pessoa de emprestar dinheiro facilmente. De qualquer das formas, ele disse que me pagaria de volta amanhã, por isso dei-lhe o dinheiro. Na noite seguinte, ele aparece no bar e devolve-me o dinheiro discretamente. Passou uma semana, e aquele velho cliente pede-me dinheiro de novo. Dei-lhe algum outra vez, pois esperava que me pagasse de volta no dia seguinte, tal como antes. Estranhamente, na noite seguinte, o homem não apareceu. Eu perguntei ao bartender e a outros clientes se tinham visto o homem. Fiquei estupefacto quando descobri que no dia anterior o homem tinha pedido dinheiro emprestado a várias pessoas, talvez centenas de euros. Nós emprestamos porque ele nos tinha pago antes. No entanto, nunca mais vimos aquele homem.

54. Trânsito E Crianças

O nosso filho já tem seis anos. Está na altura de aprender algumas regras de trânsito, visto que adora andar de bicicleta pela vizinhança. Nós dizemos-lhe, se atravessar uma rua, tem de olhar para o lado direito primeiro. Depois, deve olhar para a esquerda, e só quando não vierem carros é que ele pode atravessar a rua. Ele deve ser muito cuidadoso, especialmente quando vê um sinal de stop ou um semáforo. Se ele vir uma luz vermelha para peões, ele deve parar e esperar que fique verde. Algumas áreas até têm ciclovias, o que é novo para nós, mas até com essas ciclovias, as crianças devem ter cuidado ao usá-las e nunca acelerar!

55. Abaixo Os Quilos

Recentemente, a Maria ganhou algum peso.
Ela pesa-se numa balança todas as manhãs.
Ontem, a balança apontou para mais de
noventa quilos, quase no limite. Ela sente-se
um pouco envergonhada, especialmente
porque todas as pessoas da sua família são
magras. Ela espera que toda a sua família a
venha visitar no Natal. Na verdade, os seus
pais e irmãos estão preocupados com o seu
problema de peso. A Maria disse-lhes para
não se preocuparem porque ela está a
experimentar um novo plano de dieta de que
um amigo lhe falou. Em poucas palavras, a
nova dieta consiste em cozinhar novas
receitas.

A sua família encoraja-a a manter a dieta de
forma consistente. Quando o Natal finalmente
chega, ela discute com os pais. Eles acusam-
na de não manter a dieta, pois não
conseguem perceber se a Maria ganhou ou
perdeu peso. Cerca de um mês mais tarde, a
Maria manda fotos suas à família. As fotos
mostram a balança por debaixo dos seus pés.

Espantosamente, ela pesa apenas cinquenta e cinco quilos. Toda a família lhe dá os parabéns pelo trabalho maravilhoso que fez. No entanto, a Maria tem um segredo. Ela manipulou a balança para a fotografia.

56. Gentileza

O António é um amante de cinema. Hoje é sexta, e nesta noite ele planeia ir ao cinema ver um filme lançado recentemente. O António chega cedo ao cinema, mas já há uma longa fila em frente da bilheteira. Curiosamente, também há muitos idosos na fila. Provavelmente porque aos fins-de-semana passam alguns filmes clássicos. Apesar de o filme que o António quer ver começar em poucos minutos, ele deixa que um casal vá primeiro que ele. Ele percebe que deve ser difícil para eles ficar de pé na fila, especialmente devido à chuva.

O António ainda está na fila quando vê um pedaço de papel no chão. Ele observa melhor e percebe que o papel é uma nota de 20 dólares. Ele apanha o dinheiro e questiona se alguém à sua frente deixou cair a nota. O casal idoso observa-o. De repente, aproximam-se dele. „Pode ser que alguém tenha deixado cair o dinheiro por acidente. Mas visto que és uma pessoa tão gentil, é todo teu."

57. Uma Mãozinha

O António tem quinze anos. De segunda a sexta, ele vai à escola e por volta da uma hora, apanha o autocarro para casa. Normalmente, o autocarro está cheio com outros estudantes. Por vezes, alguns idosos também apanham o autocarro, pois muitos deles são demasiado velhos para conduzir um carro. O António é um jovem gentil e com compaixão. Se vê um idoso no autocarro, oferece o seu lugar, pois para pessoas mais velhas, pode ser muito difícil ficar de pé num autocarro. Na estação de autocarros, há um semáforo para os peões. Tem um novo sistemas em que as pessoas têm de carregar num botão para a luz ficar verde. Muitos idosos têm problemas com isto e o António nunca hesita em ajudá-los a atravessar a estrada. O António já tem uma ideia do que quer fazer no futuro; ele acha que ser um cuidador profissional é um trabalho muito gratificante.

58. Os Meus Passatempos

O meu nome é Mariana e tenho muitos passatempos. A razão é simples; tenho muitos interesses. Como criança, tinha uma grande coleção de bonecas, mas agora os meus interesses mudaram. Hoje em dia, interesso-me muito por arte. Gosto de pintar e gosto particularmente de ler livros. Na verdade, leio todos os tipos de livros de não ficção, até história. Também gosto de tocar piano. A música é um dos meus passatempos preferidos. Envolver-me em muitos passatempos é, na verdade, uma tradição na nossa família. A minha irmã gosta de ler livros de filosofia e todos na minha família participam em actividades culturais. Para além da leitura e de música, também gosto de jogar ténis e em ocasiões especiais, como nas férias, gosto de jogar golfe. Os meus gostam muito de criação de animais. O meu pai é especialista em cães e animais exóticos. Se o tempo permitir, gostava de viajar. No entanto, considero-me mais uma exploradora do que uma turista típica.Ter muitos passatempos e praticar muitos desportos mantem a minha mente activa, e ajuda-me a ficar entusiasmada com a vida.

59. As Férias São Importantes

O meu nome é Astrid. Planeei as minhas férias por seis meses. Sou da Suécia e lá os invernos são terrivelmente escuros e frios. Não fiz nenhuma escolha de carreira, mas poupei dinheiro suficiente para umas férias prolongadas no sul da Europa. Férias é algo que levo muito a sério e tento planeá-las o mais cedo possível. Porque durante as férias escolares e especialmente na época de inverno, as companhias aéreas sobem os preços desproporcionalmente. No próximo mês, começo as minhas férias de inverno. Vou ao Algarve, na costa sul de Portugal. Estou muito entusiasmada com estas férias, pois o tempo de férias é o mais importante do ano para mim.

60. Aprender Em Grupo

O meu nome é Marta. Vivo no Texas há cerca de três anos. Vim das Honduras com toda a minha família. O meu cunhado vive nos EUA há muitos anos e é um funcionário do governo. É por isso que o resto da família pode imigrar para os EUA. Há violência no meu país de origem, mas a razão para nos querermos instalar na América do Norte foram os salários muito mais altos e a vida é mais conveniente, de um modo geral. Estou a tentar melhorar o meu Inglês, num instituto de línguas. Por vezes, nãopercebo tudo o que é dito. Então pergunto à professora, „Pode falar mais devagar, por favor?" Na verdade, o meu Inglês melhorou muito desde que estou a aprender em grupo. É mais divertido e motivador aprender em grupos pequenos. Estou contente por ter a oportunidade de aprender Inglês correcto num país onde por vezes nem é necessário.

61. A Nossa Nova Casa

O meu pai comprou uma casa grande para todos nós. A casa tem três andares e cada um tem oito quartos. Também tem um sótão grande, que o meu pai planeia alugar. O meu pai explica-me que não é fácil arranjar inquilinos fiáveis. Ele espera um número de candidatos este fim de semana. Já tivemos alguns candidatos no fim de semana passado, mas eles não eram qualificados; a primeira família era desempregada e a segunda queria trazer uma avó doente. O meu pai prefere esperar até encontrar as pessoas certas. Ele diz que é melhor ter uma pessoa sem família e não fumadora.

62. Estudar No Estrangeiro

O meu nome é Fernando. Estou em Portugal e gostava de estudar na Alemanha. Tenho notas excelentes, mas para admissão numa universidade Alemã, tenho de falar o suficiente de Alemão. Com um exame de língua, como o DSH ou o TESTDAF, posso melhorar o meu conhecimento. No entanto, se me candidatar a um major internacional, um exame de Alemão não é necessário. Então, posso melhorar as minhas capacidades num curso normal de línguas. Felizmente, já falo um pouco de Alemão.

63. O Circo

Hoje fui ao circo com a minha mãe. O
espetáculo começou às seis, mas chegamos
cedo porque sabiamos que ia haver uma fila
longa na bilheteira. A minha mãe perguntou
porque é que os bilhetes eram tão caros. O
vendedor explicou que eles têm grandes
animais como tigres, etc. que precisam de
comer quantidades enormes de carne todos
os dias. Finalmente, o espetáculo começa.
Vemos primeiro um palhaço que faz piadas
ao fazer gestos com as mãos. Depois, trazem
uma jaula enorme e os animais aparecem.
Vemos um elefante que levanta uma para, um
macaco vestido com um uniforme escolar
feminino, e depois vemos os felinos serem
levados até à jaula. Um tigre tem de saltar
através de um aro em fogo, e um leão salta
de plataforma em plataforma. Pergunto à
minha mãe se os animais também fazem
estas coisas na natureza. A minha mãe
responde que nãos sabe.

64. O Acidente de Carro

No mês passado, conduzi do trabalho até casa, como faço todos os dias. Estava a conduzir devagar e parei num semáforo. De repente, ouço um barulho. O carro atrás de mim tinha batido no meu carro. Sai imediatamente do carro e vi que a luz traseira estava partida. O condutor admitiu a sua culpa imediatamente e ofereceu-me dinheiro pelos estragos. Ele queria dar-me cinco mil euros em dinheiro. Eu rejeitei a sua oferta e disse-lhe que ia chamar a polícia. De repente, ficou tudo preto. Não tenho memória do que aconteceu nesse momento. Acordei no hospital. O médico disse-me que alguém me tinha dado um tiro nas costas.

65. O Nosso Hotel

Acabamos de chegar ao nosso hotel. Este ano, vamos passar as nossas férias em Portugal, perto da cidade turística Albufeira. Reservamos um hotel com tudo incluído e o check-in foi muito eficiente. O recepcionista simpático deu-nos a chave do nosso quarto depois de pagarmos um depósito de segurança. Somos de Inglaterra. No início, parecia que o hotel tinha padrões muito altos. Os quartos eram espaçosos e tudo parecia óptimo. No dia seguinte, as coisas começaram a parecer diferentes. Descobrimos baratas enormes na casa de banho e os armários estavam sujos. Compramos um seguro de viagem, mas infelizmente, não pagam por quartos sujos. O meu marido tem uma ideia. Ele tirou fotografias dos armários e das baratas. Compramos medicamentos para a diarreia, numa farmácia próxima. Imediatamente contactei a companhia de seguros e informei-os de que todos tínhamos ficado doentes devido ao quarto imundo. Anexei uma foto da medicação e o recibo. Umas semanas mais tarde, o seguro tinha reembolsado a nossa estadia.

66. No Escritório

O meu nome é Marta e sou uma secretária.
Estou normalmente muito ocupada,
especialmente às segundas. De manhã,
conduzo por 30 minutos até ao escritório.
Primeiro, faço café e depois começo a
atender chamadas telefónicas. Quando o meu
patrão chega, tenho de lhe fazer um favor
pessoal. Normalmente, depois disso, sinto-me
mal. Mais tarde, levo o correio ao posto dos
correios; e de tarde, limpo o escritório.
Quando chego a casa, por volta das 7,
preciso de ir ao supermercado. Durante a
semana, costumo ir para a cama cedo. Às
vezes, sonho com o meu patrão. Na verdade,
eu gosto do meu patrão, em parte porque ele
me compra presentes.

67. Um Passeio no Parque

O Marco e a Sofia são bons amigos adolescentes. Todos os domingos, passeiam pelo parque durante algumas horas. Normalmente, o Marco vai buscar a Sofia a casa.

Hoje é domingo e também é o aniversário do Marco; ele acabou de fazer treze anos. O Marco tem uma ideia. Ele sabe que os pais dela não estão em casa hoje e vai visitá-la mais cedo. Ele bate à porta da casa da Sofia e ela abre. „Porque vieste mais cedo? Ainda não estou pronta."

„Não precisas de te preparar para um passeio."

„O que queres dizer, Marco?"

„Vim visitar-te a casa. Deixa-me entrar e podes imaginar o resto."

68. Um Presente Especial

A Rosa tem o plano de comprar um carro há anos. O problema era que ela estava desempregada e ainda vivia em casa dos pais, na cave. Ela tem um negócio online, mas isso não era, de longe, suficiente, para poupar dinheiro para um carro usado.

Os seus pais não estavam interessados em ajudá-la, pois consideravam-na com idade suficiente para ganhar o seu próprio dinheiro.

Com ou sem ajuda, ela precisava daquele carro! Na segunda-feira de manhã, a Rosa ficou no meio de um cruzamento a abanar panfletos brilhantes para os carros que passavam. A Rosa estava a pedir dinheiro.

No entanto, ao meio dia, ela conheceu um vizinho que mudou a vida dela. O homem sentiu pena dela e deu-lhe o seu carro antigo.

69. Ganhar a Lotaria

Eu e o meu pai ouvimos que o meu tio tinha ganho a lotaria. O jogo chama-se seis de quarenta e nove, o que significa que o meu tio tinha de adivinhar seis números correctos. Todos achamos que o meu tio se tornou milionário. No entanto, o meu pai explica que o meu tio ainda tem uma dívida de 2000 euros para pagar à nossa família. Decidimos visitar o meu tio. Ele abre a porta e cheira a álcool. Ele diz-nos que nunca ganhou a lotaria, mas que se tinha gabado disso num bar. Ele só se queria exibir! O meu pai ainda exige o seu dinheiro. No fim de uma longa conversa, o meu tio dá o seu carro ao meu pai. Ao fazer isso, pagou as suas dívidas.

70. A Candidatura

No mês passado, perdi o meu emprego porque discuti com o meu patrão. Saí simplesmente do escritório e fui para casa. No meu desespero para encontrar um novo emprego, fui a uma agência de emprego. Eles dizem que sou qualificado para várias posições diferentes. Eu concordo, pois penso em mim mesmo como um trabalhador honesto, dedicado e esforçado. Envio novas candidaturas todos os dias e envio muitas delas pelo correio tradicional para chamar a atenção de possíveis empregadores. No entanto, a maioria das empresas nem responde. Ontem, recebi uma carta. O envelope parecia familiar, depois olhei para o remetente. Não podia acreditar! Aparentemente, a minha antiga empresa tinha despedido o meu antigo patrão, e estavam agora a oferecer-me a mesma posição que tinha anteriormente.

71. Taxi Driver

O Mário é um taxista. Ele é, na verdade, um homem muito trabalhador. Ele conduz o seu táxi durante pelo menos doze horas diárias. Domingo é o único dia em que não trabalha. Apesar de o seu emprego ser muito exigente, ele conhece muitas pessoas diferentes. Muitos clientes gostam de conversar com o Mário. Para além disso, ele conduz uma limusina, e isso torna o trabalho mais tolerável. Muitos dos clientes deixam-lhe grandes gorjetas. Ele não se pode queixar do dinheiro. No entanto, no futuro, ele gostaria de fazer algo diferente. O Mário tem pensado muito sobre o que deve fazer no futuro. No outro dia, sentiu-se inspirado. Agora ele tem uma ideia clara do que vai fazer quando se demitir do seu trabalho. Ele ficou inspirado depois de ver o filme „Taxi Driver", com o Robert De Niro.

72. No Cinema

Este fim de semana, há um filme verdadeiramente interessante no cinema. É suposto ser um filme romântico. É por essa razão que convidei uma vizinha para me acompanhar, pois ela também gosta de filmes românticos. Compramos pipocas e sentamo-nos na última fila. Na verdade, o filme tem muitas cenas românticas e algumas bastante fortes. A mulher apoia a sua cabeça no meu ombro. Agarro a mão dela e deixo-a pousar no meu colo. De repente, a mulher fica zangada, levanta-se, e sai do cinema. Eu sorrio e assisto o resto do filme. Para mim, foi uma noite agradável

73. Na Padaria

O meu turno de trabalho começa em quinze
minutos. Antes de chegar ao meu local de
trabalho, gosto de parar numa padaria e
comprar uma focaccia. Quando abro a porta,
já há uma longa fila de clientes. Há pelo
menos oito pessoas à minha frente. Eles
compram tudo, desde bolos a ciabatta fresca.
Tenho de estar no escritório em menos de
dez minutos. Chega a minha vez. De repente,
um homem velho corta a fila mesmo à minha
frente.

Eu digo, „Desculpe, pode ficar na fila?"

O homem velho, assim como o vendedor,
estão a ignorar-me. O homem velho está a
conversar,e quer comprar algo que demora
muito tempo a empacotar. Eu sinto o calor a
subir na minha cabeça. Agarro um bolo e
atiro-o à cara do vendedor. Ele cai enquanto
todas as pessoas gritam e saem da padaria.
Eu fico sozinho. Agarro a minha focaccia e
vou-me embora.

74. A Minha Antiga Carta de Condução

Fiz dezassete anos ontem. Tenho conduzido sem acidentes desde que me lembro. Ando semore de carro, mesmo em distâncias curtas, e não consigo imaginar viver sem um veículo. A razão pela qual nunca tive um acidente é porque conduzo sempre com cuidado. Esta manhã, a estrada estava cortada e os polícias examinaram todos os veículos. Eles pediram-me para sair do carro. O polícia disse-me que não posso conduzir mais porque, ao que parece, nunca tive uma carta de condução.

75. Diálogo - Onde Está O Nosso Gato?

Uma manhã, encontramos um pássaro morto em frente à nossa porta. Parecia que alguém o tinha posto ali.

Eu disse à minha mãe: „Acho que o nosso gato Mika fez isto."

A minha mãe respondeu: „É a natureza, não devemos interferir."

Eu discordei. „Isso é perigoso."

„Porquê?"

„O pássaro morto está cheio de bactérias. O Mika vai trazer essas bactérias para a nossa casa."

„Tens razão", disse a minha mãe, preocupada.

A minha mãe teve de tomar uma decisão. Ela levou o gato para casa.

Depois disso, nunca mais vi o Mika outra vez.

76. Primeira Vez Em Inglaterra

Esta manhã, cheguei finalmente de avião, para a minha primeira visita a Inglaterra. Vou ficar aqui cerca de um ano. Vim para aqui para encontrar trabalho. Parece que este país está muito bem organizado. Há muitos transportes públicos disponíveis e as ruas estão limpas. Os carros conduzem pelo lado esquerdo da estrada. Os supermercados também estão bem abastecidos. Acho que os Britânicos são pessoas muito educadas. Notei cortesias como esperar pacientemente na fila e pedir desculpa em todas as ocasiões. Parece ser muito comum. Em Portugal as pessoas também são muito simpáticas, mas mais afetuosas.

77. Um Casamento Feliz

O meu nome é Maria. Estou casada com o Fábio há mais de oito anos. Ele é um homem de negócios bem-sucedido e eu sou dona de casa. Não temos filhos, mas fazemos muitas coisas juntos. O meu marido é muito romântico e toma muito bem conta de mim. No entanto, também temos as nossas diferenças. O meu marido gosta de desporto e vai regularmente ao ginásio. Eu, pelo contrário, gosto de acordar tarde e de ver televisão. Infelizmente, tenho excesso de peso, mas prometi ao meu marido começar uma dieta. Recentemente, ele chegou a casa mais cedo e apanhou-me na cave, onde eu estava a comer doces.

78. Escola e Os Nossos Planos Futuros

A Adriana vai para a escola. A sua professora gostaria de saber o que os estudantes querem fazer no futuro como profissão.

„Que profissão gostariam de ter no futuro?" pergunta a professora. O António é o primeiro a levantar a mão. „Eu gostava de ser médico, para poder abrir corpos e ver o que está lá dentro."

O Lucas acena com a cabeça e levanta a mão. „Eu quero ser polícia, para dar tiros nas pessoas más."

A Nicole está a rir e é a seguinte. „Eu gostava de ser piloto, para me sentir livre como um pássaro."

Finalmente, é a vez da Adriana. „Eu quero ser professora. Gostava de ajudar os estudantes a fazer boas decisões sobre o que querem fazer no futuro."

79. Caso-me Com o Meu Escritório

O Sr. Silva é um contabilista e trabalha para uma grande empresa no Porto. Ele tem um horário fixo. O Sr. Silva começa o seu dia às oito horas e sai do escritório às cinco. Ultimamente o Sr. Silva parece doente. Os seus colegas dizem que ele não parece conseguir concentrar-se. O que ninguém sabe é que o Sr. Silva tem um segredo. Há pouco tempo, o Sr. Silva conheceu a sua nova namorada e o seu verdadeiro segredo é que a conheceu na rua. Na verdade, o Sr. Silva pagou pelo tempo dela.

Um dia, o Sr. Silva diz ao seu colega que se vai casar em breve. Mas este colega, que observou o Sr. Silva e acha que sabe algo, diz ao patrão que o Sr. Silva planeia casar com uma mulher de reputação questionável. O patrão diz ao Sr. Silva que quando casar com essa mulher, já não pode trabalhar na empresa.

O Sr. Silva pensa cuidadosamente sobre as

suas opções. Deveria casar com a mulher ou manter o emprego? Finalmente, ele diz ao chefe, "Vou me casar, mas não com esta mulher, em vez disso, vou casar com o meu escritório."

80. Diólogo - Hoje Temos Carne de Pombo

O Miguel tem um restaurante português em Macau. Ele investiu muito dinheiro no restaurante, mas adora Macau e a sua história. Há uma relação antiga entre Portugal e Macau. Uma noite, quando o Miguel quer fechar o seu restaurante, aparecem clientes. A sua mulher chinesa trabalha na cozinha. Ela pergunta porque quer o seu marido servir clientes tão tarde. "Porque ainda queres servir clientes," pergunta. "É tarde e nunca mais vou sair da cozinha."

"Os clientes já pediram vinho", diz o Miguel. "Para além disso, ainda temos carne de pombo no frigorífico. Por isso, disse aos clientes que só tenho pombo."

81. Reforma Com Conforto

O Sr. Carvalho é um homem de negócios internacional. Ele viaja por todo o mundo para vender programas de computador. A empresa para a qual trabalha pertence às empresas mais importantes neste campo. Na verdade, as maiores empresas do mundo, como Exxon Mobile, BMW, Thyssen, Siemens, e até Airbus, pertencem a esta base de clientes. Apesar de o Sr. Carvalho fazer muito dinheiro, ele gostava de ter o seu próprio negócio. O Sr. Carvalho está a tomar uma decisão que mudará a sua vida. Ele decide deixar a empresa e começar o seu próprio negócio.

Ele quer vender produtos de várias empresas e usar os seus contactos antigos para começar. Infelizmente, as coisas não correm como esperado. Os seus antigos clientes não aceitam os seus novos produtos, em vez disso, preferem continuar a fazer negócio com a sua antiga empresa. Felizmente, o Sr. Carvalho tinha poupado o suficiente para se reformar com conforto.

82. O Negociante De Artes

Noutros tempos, Werner Schultz era um actor num teatro. Sempre foi bem conhecido em Berlim, e também conseguiu arranjar um papel importante numa série de televisão em que actuava como criminoso credível.

Aparentemente, o Sr. Schultz nunca foi pobre e sempre se interessou por arte e antiguidades.

Agora tem mais de cinquenta anos e recebeu poucas ofertas para filmes e peças de teatro. Mas o Sr. Schultz também se tinha tornado bastante famoso como pintor.

Pode dizer-se que o Sr. Schultz era um verdadeiro artista e também conhecedor de arte, porque tinha grande conhecimento, especialmente de pinturas antigas. Ele estava familiarizado com os Impressionistas do século 19. Depois de muitos anos como artista, actor e especialista em pintura, o Sr. Schultz era um cliente habitual de muitas lojas e galerias. O Sr. Schultz comprou muitos quadros a óleo valiosos e antiguidades em lojas de antiguidades e galerias de arte.

Mas a sua reputação de ser um bom fornecedor era ainda maior. A qualidade das pinturas que oferecia para venda era incrível.

Um dia, os jornais informaram que o famoso negociante de arte e actor Werner Schultz tinha morrido. Ninguém sabia que ele tinha morrido, pois o Sr. Schultz não tinha familiares, assim sendo, os jornalistas procuravam amigos e familiares.

Recentemente, os jornalistas descobriram o que procuravam. O Sr. Schultz era um parente distante de Hermann Görin

83. Um Mundo Novo

Até hoje, o João Marques não é capaz de explicar. O que tinha realmente aconteceu? A sua vida não estava pior do que antes. Mas o estranho era que a sensação de não pertencer aqui não desaparecia. No entanto, isso já não era importante.

Tudo começou com o voo de regresso de Marte para a Terra, uma viagem que tinha sido planeada por muito tempo. Para a sua equipa de quatro pessoas, era a primeira viagem, para o João já era a quinta.

Quando entraram na órbita da Terra, uma luz cintilante apareceu por alguns segundos, sinais de alarme soavam por todo o lado. E depois, ele perdeu a consciência.

Quando acordou, a sua equipa estava morta e a nave espacial estava em estado de emergência, mas o mais estranho foi que a nave já tinha aterrado e todos os instrumentos estavam mortos.

Era impossível ver quanto tempo tinha

passado desde o acidente. O tempo, as coordenadas, a informação da nave não podia estar correta. Mais importante era o facto de não haver contacto com a base. Tudo parecia morto.

Por alguns segundos, o João olhou pela janela. Onde estava o mar das Caraíbas? Era suposto ele estar em Cuba, mas por debaixo da nave tudo era amarelo e castanho.

O João saiu da nave e viu um deserto branco que se estendia até ao horizonte. Estava muito calor e a atmosfera tinha apenas 60% de oxigénio.

De repente, ele não conseguia acreditar no que via. Devagar, mas decididos, um grupo de humanos aproximou-se. Rodearam-no e não disseram nada. O João não estava com medo, porque eles não pareciam agressivos, mas completamente diferentes.

As pessoas eram pequenas, eram mulheres e alguns homens e pareciam... queimados? Eram Aborígenes Australianos? Havia algumas parecenças, mas eles eram muito magros, quase como esqueletos e pequenos como crianças. Deram água ao João e fizeram-lhe sinal para seguir o grupo. Depois de uma longa caminhada, chegaram a um vale de rochas, cobertas de pequenos buracos que eram entradas para cavernas gigantes e escuras. De lá debaixo vinha o som de água.

Essa foi a primeira impressão do João. Há quanto tempo é que já vive aqui? O João estima que já vive com estas criaturas há cerca de três anos. No início, a língua era a parte mais difícil. Agora eram como a sua família. A sua mulher era quatro cabeças mais baixa que ele, mas funcionou. Ela sorria sempre para ele. A vida já não era importante. O João sentia-se bem, a sua mulher tinha os olhos de um gato preto e todos os dias se ria mais, ela tinha ficado grávida.

84. AirBnB, A Sombra Misteriosa E Um Revólver

A Ana adora o AirBnB. Já é a terceira vez que passa as suas férias num apartamento alugado no AirBnB no Lago Garda.

A Ana arrendou um apartamento grande por um mês inteiro, o dono passa a maior parte do seu tempo no quarto a ver televisão. Uma noite, a Ana chega a casa e a televisão do quarto do dono está num volume muito alto. A Ana bate à porta, mas ninguém responde. Ela abre a porta, entre no quarto, e grita. A Ana olha para o homem velho sentado no sofá. Os seus olhos e a sua boca estão abertos. A sua cabeça está coberta de sangue. Na sua mão, ele segura um revólver, o homem tinha sido alvejado.

Para a polícia, era óbvio que era um suicído e o corpo é rapidamente levado. A Ana não podia ir para casa porque não conseguia mudar o seu voo e por isso decide ficar o resto das férias no apartamento. Mas nada é como antes. A Ana não consegue dormir de noite. Para tentar adormecer, a Ana fuma um charro antes de ir para a cama. Uma noite, ela acorda, ela vê uma grande sombra a aproximar-se da sua cama. A Ana não se consegue mexer nem gritar. A sombra inclina-se sobre ela e deita-se sobre o seu corpo.

Escuridão. De repente, a luz do sol brilha pela janela. A Ana acorda e sente-se mal. Ela está deprimida. Foi um pesadelo? Ela vê algo escuro na mesa de cabeceira. A Ana pega naquilo e sente que é bastante pesado. Agora ela reconhece, é o revólver do homem velho.

85. Au Pair Em Inglaterra

Os pais Portugueses da Nicole queriam o melhor para a sua filha. Queriam mandar a sua filha como au pair para Inglaterra, para ela aprender Inglês. Uma agência tinha arranjado alojamento com uma família inglesa.

A agência tinha cobrado muito dinheiro aos pais por uma estadia de um mês; mas não importava, pois a educação da sua filha era mais importante. A Nicole estava entusiasmada pois nunca tinha estado fora do país antes; e ela adoraria aprender uma nova língua. Era Agosto quando a Nicole viajou para Inglaterra.

No entanto, quando a Nicole chegou, deparou-se com uma surpresa desagradável. Não lhe permitiam fazer chamadas telefónicas e a casa não tinha Internet. Assim sendo, a Nicole teve de ir ao posto dos correios para mandar uma mensagem aos seus pais. No fim, a Nicole regressou a Portugal antes que os seus pais a recebessem. Os pais estavam muito felizes por ver a sua filha outra vez e queriam saber, claro, se agora a sua filha falava inglês fluente.

A filha explicou: "Não, não aprendi Inglês visto que a família de acolhimento falava mais Hindu que Inglês. Eram imigrantes da Índia."

"Isto significa que toda a viagem foi em vão," afirmou a mãe. "Não, de todo," respondeu a filha. "Agora sei o que é um peixe Masala."

86. O Queijo Fede Por Todos Os Lados

O Nuno Gomes tinha-se apaixonado. Ele tem uma nova namorada há algumas semanas; uma mulher que ele conheceu na biblioteca e que lhe disse que trabalhava de manhã no mercado dos agricultores, na banca do queijo.

O Sr. Gomes tinha muito tempo livre de tarde, por isso passava a maior parte do seu tempo livre na biblioteca.

O Sr. Gomes e a mulher tinham um passatempo em comum. Ambos adoravam ler literatura clássica e livros de receitas na biblioteca. Uma vez, o Sr. Gomes convidou a mulher para sua casa, para um copo de vinho. Foi assim que se tornaram um casal. No entanto, a relação não era imune a problemas. O Sr. Gomes não gostava do cheiro da mulher. Ele disse-lhe muito abertamente que ela cheirava a queijo. O Sr. Gomes acreditava que depois da mulher sair, toda a sua casa cheirava a queijo.

Ela explicou-lhe que o cheiro devia vir de outro lado. Eventualmente, ela diz-lhe que quando eles se tinham conhecido ela tinha de lhe dizer que tinha algum trabalho, porque se sentia envergonhada de, na verdade, estar desempregada. O Sr. Gomes ficou contente de ouvir isto. Ele explicou à mulher que não era um reformado, como lhe tinha dito.

O Sr. Gomes ainda não percebia porque é que ela cheirava sempre a queijo.

"Então qual é o teu verdadeiro trabalho?" perguntou o Sr. Gomes.

"Eu estou desempregada, mas faço massagens aos pés." Disse ela.

"Isso explica o cheiro", respondeu o Sr. Gomes.

"E o que fazes tu?", perguntou a mulher.

"Eu trabalho numa quinta, com porcos, mas felizmente, só de manhã."

87. Irmãos

O Alberto e a Maria são irmãos. Todos os fins de semana, visitam a sua avó. Ela vive noutra cidade, nos arredores de uma grande cidade, por isso precisam de ir cedo. Para poderem visitá-la, os irmãos têm de apanhar primeiro um comboio, e depois um autocarro. Quando chegam à estação principal, eles trocam de comboio para chegar ao destino final. Costuma demorar cerca de uma hora até o outro comboio chegar. Quando finalmente chegam à pequena cidade, têm de apanhar o autocarro, A viagem inteira costuma demorar três horas e à noite, têm de regressar a casa.

88. Uma Nova Receita

A Valentina é a dona de um pequeno restaurante numa pequena cidade próxima de Nápoles. Ela vende maioritariamente fritos, massa, e hambúrgueres. A maioria dos seus clientes gosta da comida, mas alguns queixam-se da sujidade do local e das baratas que correm por todo o lado. A Valentina tem planos para mudar o seu restaurante. Será limpo e oferecerá refeições saudáveis.

A Valentina comprou um livro de receitas, com várias receitas asiáticas e de dieta. A Valentina está inspirada para mudar a sua ementa. Nos dias seguintes, a Valentina adiciona hambúrgueres de legumes à ementa. Um cliente pergunte de que é feito o hambúrguer e a Valentina responde que é feito de pão e carne moída feita de insectos. Ela tinha preparado a carne moída, matando e usando todos os insectos que encontrasse no restaurante.

89. Melhores Amigas

Desde que ia para a escola que a Sofia tem sido a minha melhor amiga. Tínhamos cerca de doze anos quando nos conhecemos. Apesar de ela viver noutra cidade, sempre mantivemos contacto. Depois disso, até fomos para o secundário juntas. Desde que me lembro, sempre nos apoiamos uma à outra. Sempre fui boa com línguas enquanto a minha amiga é boa a matemática. A Sofia sempre me ajudou com os trabalhos de casa e eu ajudei-a a aprender Português. Como adolescentes, frequentemente nos consultávamos uma á outra sobre rapazes e assuntos de mulher. Espero que sejamos melhores amigas para o resto das nossas vidas.

90. Um Postal Da Costa Rica

Maria Fernandez contratou trabalhadores
para irem a sua casa arranjar o aquecimento.
A mulher vive sozinha e sente-se feliz quando
os homens finalmente chegam, perto do
meio-dia. A equipa consiste apenas no chefe
e um aprendiz.

Os homens começam a trabalhar e finalmente
encontram uma válvula partida. O chefe quer
mostrar a parte partida à senhora Fernandez
e explicar-lhe algumas coisas, mas a Sra.
Fernandez surpreende o homem com alguns
shots de Amaretto para uma pausa.

Ela levanta o seu copo, "Senhores, antes de
continuarem, bebam primeiro." Passados
cinco minutos, a Sra. Fernandez volta e
insiste em mais uma rodada. Os homens
obedecem e bebem. Eventualmente, o chefe
ordena que o aprendiz regresse ao escritório
para trazer uma peça de substituição.
Passada mais de uma hora, o aprendiz
regressa a casa da Sra. Fernandez. Ninguém
abre a porta. No dia seguinte, o chefe não é

encontrado no escritório. O chefe desapareceu! Depois de uma semana, chega correio ao escritório; entre as cartas, encontra-se um postal do chefe. O postal vem da Costa Rica e o chefe informa os seus trabalhadores que está de lua de mel com a Sra. Fenandez.

91. O Pedido

Um casal de Inglaterra está de férias em Rimini. Estão sentados num restaurante perto da praia e estão prontos para pedir. Finalmente, o empregado chega. Ele traz duas ementas e desaparece. O casal olha para a ementa e não está impressionado. O homem descobre restos de ketchup seco na ementa e abana-a com descontentamento. O empregado demora o seu tempo a atender outros clientes primeiro e finalmente regressa à mesa com dois copos de água. Ele segura os copos com a ponta dos dedos, coloca-os na mesa e desaparece de novo. A mulher diz ao marido. "Consigo ver as dedadas dele nos copos. É nojento. Podes dizer ao empregado que traga outros copos?

"Mas depois o empregado ia quer saber porquê e teríamos uma discussão séria."

"Então pergunta-lhe se pode trazer duas garrafas de água fechadas."

"Para isso, teríamos de pagar mais. Mas eu

tenho uma ideia; acho que ainda temos garrafas de água no carro. Vou buscá-las."

"Boa ideia. Por favor, traz também sabão e um pano para limparmos a mesa antes que o empregado regresse."

92. O Clube das Críticas

A Diana é originalmente de Londres, mas vive
há quase um ano em Portugal, perto da
cidade de Faro. Ela comprou um apartamento
lá e para ganhar dinheiro extra, aluga um
quarto a turistas. Ela também faz dinheiro
com o seu negócio online bem-sucedido. Na
verdade, ela publicou muitos livros de auto-
ajuda. A maioria são livros de dietas. A Diana
sente-se muito confortável em Portugal; a
única coisa de que sente falta são os
contactos sociais. Como estrangeira em
Portugal, nem sempre é fácil fazer novos
amigos. Os estrangeiros que vivem em
Portugal vêm de todos os cantos do mundo,
apesar de a maioria falar Inglês.

A Diana tem uma ideia. Porque não organizar
um encontro? Um encontro semanal entre
pessoas com os mesmos interesses. A Diana
publicou um anúncio online para um encontro.
"Encontro de artistas e escritores para ajuda
mútua e críticas."

No domingo seguinte, um pequeno grupo de

estrangeiros encontra-se num café. A maioria é escritor e todos falam abertamente sobre os seus livros. Alguns autores já publicaram os seus trabalhos, enquanto outros planeiam publicar num futuro próximo.

O grupo concorda em ajudar-se mutuamente. A ideia é enviar um e-mail para todos os membros do grupo logo que um novo livro do grupo seja publicado. Uns dias depois de todos os membros terem comprado o novo livro, uma crítica positiva é publicada. Todos concordam que este sistema é benéfico para todos os membros.

Um dia, a Diana recebe um e-mail de um novo elemento que acabou de publicar o seu livro. A Diana fica surpreendida quando lê o título do livro: "O Negócio Corrupto das Críticas de Livros Falsas."

93. Uma Estrela Michelin Não É Suficiente

Os dois irmãos, Marco e Carlos, são donos de restaurantes bem-sucedidos, educados numa escola na Suíça. Já ambos trabalharam em consagrados restaurantes portugueses, e também construíram uma boa reputação.

Há dez anos atrás, abriram o seu próprio restaurante em Londres. Desde o início que o negócio corria bem, e foram precisos apenas alguns anos para que o restaurante fosse premiado com a sua primeira Estrela Michelin. O restaurante torna-se famoso; e nem dois anos depois, recebem uma segunda Estrela Michelin.

No ano passado, os irmãos abriram um segundo restaurante, noutra parte da cidade. Há alguns meses atrás, aconteceu o grande choque. Os irmãos descobriram que o seu primeiro restaurante apenas tinha recebido uma Estrela Michelin; a segunda estrela tinha sido rejeitada por razões desconhecidas.

Um amigo que trabalha para uma revista de restaurantes revelou aos irmãos que eles tinham uma estrela a menos porque transportavam a sopa de um restaurante para o outro em sacos de plástico.

Os irmãos ficaram muito chateados. Tudo o que podiam fazer era tentar melhorar o seu negócio e também fazer novos anúncios publicitários. Mas, de alguma forma, a informação de que o restaurante transportava a sopa para fora em sacos de plástico chegou ao público.

Um dia, eles viram o seu negócio crescer de forma acentuada de repente. Receberam mais pedidos que o normal; os clientes vinham para comprar sopa para levar. Parecia que todos os dias os pedidos de sopa aumentavam.

Parecia que agora o prato mais vendido era a sopa. Os irmãos estão convencidos que as notícias negativas sobre o restaurante são muito boas para o negócio.

94. O Loteamento

Embora muitos não saibam, a cultura Alemã é também conhecida pelos seus loteamentos. Fora das grandes cidades, muitas pessoas têm pequenos lotes de terreno que consistem num pequeno jardim e uma pequena cabana. Muitos destes loteamentos formam frequentemente uma pequena colónia.

A maioria dos donos de lotes são reformados e usam-nos para escapar das grandes cidades. Um desses donos de lotes é Wolfgang Meier, um reformado de Hamburgo. No seu jardim, construiu um pequeno lago. Ele está muito orgulhoso dos seus pequenos peixes dourados que nadam no lago. Na verdade, o Sr. Meier não tem família e adora os seus peixes. Ele deu um nome a todos os peixes.

Um dia, o Sr. Meier visita o seu lote e descobre alguns peixes mortos à superfície. Não há explicação. O Sr. Meier, no entanto, fica muito triste e decide vender o seu lote. Estranhamente, ninguém quer comprar o seu lote. Felizmente, um vizinho compra eventualmente o seu lote por um preço muito baixo.

O vizinho fica muito feliz com o lote e toma muito bem conta dele. Passado pouco tempo, o lote está em muito boa condição. O jardim está a florescer, e o lago está cheio de peixes.

De tempos a tempos, o Sr. Meier visita o seu velho lote, apenas para ver o que mudou. O Sr. Meier sente-se um pouco invejoso e deseja voltar a usar o seu velho lote de novo. Um dia, inesperadamente, estão muitos peixes mortos no lago outra vez.

Pouco tempo depois, o novo dono do lote recebe uma carta do Sr. Meier. Diz que ele, Sr. Meier, gostava de usar o lote aos fins de semana, se pudesse usá-lo de graça, ele trataria do problema dos peixes e garantia que mais nenhum peixe morreria. Por outro lado, ele afirmava que se o seu pedido fosse recusado, ele podia imaginar os problemas a piorarem.

95. Compras Baratas No Japão

O meu nome é Raquel, e hoje vou fazer compras num supermercado Japonês. Como estudante no Japão, não tenho muito dinheiro e, por isso, tenho de poupar na comida. Para além disso, apoio financeiramente a minha mãe que está no meu país. Como principalmente peixe e vegetais. É uma dieta a que chamo dieta de sushi. Felizmente, estes itens são relativamente baratos no Japão. De manhã, os supermercados não costumam estar tão lotados. Hoje tenho de comprar arroz, legumes, atum e massa. Se encontrar algo menos caro, compro mais. Compro apenas pequenas quantidades, o que acho que significa algo mais para os Japoneses.

96. História - Os Primeiros Humanos

A maioria dos especialistas concorda que o modelo "origem Africana" afirma que toda ou quase toda a diversidade genética humana no mundo pode ser seguida até aos primeiros humanos anatomicamente modernos a abandonar África.

Os primeiros Homo Sapiens saíram do Nordeste de África há aproximadamente 70 mil anos atrás, e durante pelo menos 40.000 desses anos, eles obtiveram comida através da caça e da recolecção.

Esta espécie emigrou depois para for a de África, seguindo uma rota junto à costa, da Península Arábica para o Sul e Sudeste da Ásia, e eventualmente chegou ao Pacífico e à Austrália. Há cerca de 50 mil anos atrás, os primeiros humanos modernos, uma subespécie de Homo Sapiens, migrou de África para a Ásia, e através do Cáucaso para a Europa; os Homens Modernos chegaram à Europa Central há 40 mil anos atrás. Os

Humanos também migraram para as Américas há cerca de 15 mil anos atrás; a maioria chegou através da ponte de terra agora chamada Estreito de Bering.

O 10º milénio AC assistiu à invenção a agricultura e ao início da era antiga.

A Era do Neolítico ou Era da Pedra foi um período no desenvolvimento da tecnologia humana, que incluiu ferramentas primitivas a partir de 10.200 AC. Caçadores-recolectores dessa época tinham acesso a bens e ferramentas que os caçadores-recolectores não tinham, devido ao comércio com tribos vizinhas e com as primeiras sociedades agrárias. A maioria dos caçadores-recolectores modernos já podia forjar ferro, caçar e fazer ferramentas a partir de pedras e ossos, o que tornou a agricultura e caça primitivas consideravelmente mais fáceis.

97. Encontro-te na sauna

O Sr. Sousa é um homem de negócios. Ele é dono dum pequeno restaurante numa estação ferroviária, onde vende peixe com batatas fritas. Ele tem imensos clientes habituais porque a maior parte dos clientes gosta dos seus pratos. Depois do trabalho ele vai frequentemente a um spa para acalmar e relaxar. Há uns tempos atrás, o Sr. Sousa foi novamente à sauna. Na verdade, é um spa com sauna húmida e banho turco, que pode ser encontrado na maior parte das grandes cidades.

Eles estão equipados com diversas saunas e uma piscina. Nesse dia a temperatura da sauna fitoterapêutica parecia estar especialmente elevada. O Sr. Sousa já estava sentado e tinha estado a suar no banco sauna, quando a porta se abriu. Entrou um homem. O Sr. Sousa reconheceu-o imediatamente. Era um cliente dele.

Contudo, ele não gostava deste cliente. Este cliente tinha apresentado uma queixa, porque pensou que o restaurante estava sujo. O outro homem também reconheceu o Sr. Sousa.

O homem sorriu: "Boa noite, como está Sr. Sousa?"

"Está tudo bem, obrigado." respondeu Sr Sousa.

"Suar limpa o corpo", disse o homem.

Sr. Sousa já teve o que chegue por esse dia e saiu da sauna. Ele foi tomar banho.

Desta vez o Sr. Sousa tomou um longo chuveiro, porque o homem tinha irritado ele.

Após o chuveiro Sr. Sousa foi para o vestiário, um quarto grande com muitos cacifos. As toalhas estavam penduradas num cabide.

O Sr. Sousa limpou-se à toalha, a toalha estava molhada, mas ele sentia-se melhor agora.

O Sr. Sousa saiu lentamente da zona da sauna. O cliente, que ele encontrou na sauna, estava parado na porta.

O homem olhou para o Sr. Sousa e sorriu:

"Desculpe, Sr. Sousa, mas você usou e levou a minha toalha!"

O Sr. Sousa abanou a cabeça. "Não, acho que não."

"Por favor, olhe para o seu saco." disse o homem.

O Sr. Sousa abriu o seu saco e tirou a toalha para fora.

O outro homem ainda sorria. "Olhe para aqui, no canto da toalha escrevi algumas letras com uma caneta preta.

"A.H.", perguntou o Sr. Sousa. "Esse sou eu.", disse o homem.

O Sr. Sousa devolveu a toalha ao homem. S. Sousa nunca mais foi à sauna novamente.

98. Uma família religiosa

O Cristiano e a sua irmã Maria vivem numa pequena cidade católica no sul da Portugal. O Cristiano tem doze anos, e a Maria é um ano mais nova que ele. Ambos são crianças inteligentes, e também muito modernas.

Eles adoram de jogar na internet, e são jogadores de videojogos fervorosos.

Os seus pais são ambos psicólogos, o seu pai trabalha no hospital e a mãe é uma trabalhadora independente e tem um pequeno gabinete de psicologia. Está na altura do Natal e as canções de Natal tocam em todas as lojas e

supermercados. Embora os irmãos tenham sido educados conservadoramente, não lhes apetece festejar o Natal. Nos últimos anos, quando os seus familiares distantes os visitaram, houve muitas discussões. No fim de semana passado, num feriado católico, um colega do seu pai veio visitá-los.

De algum modo, começou uma discussão.

Aparentemente era acerca da igreja ou religião. Os irmãos descobriram que os seus pais pretendiam ir à missa de Natal na igreja. Uma situação estranha, porque geralmente os seus pais nunca vão à igreja, exceto no Natal. No entanto, a opinião da sua mãe é que numa pequena cidade há muita coscuvilhice e seria melhor adaptarem-se e aparecer na igreja no Natal. Para além disso, confessa ser uma boa pessoa. Maria e Cristiano discordam.

No Natal, os irmãos querem ficar em casa. Cristiano prefere participar num jogo ao vivo na internet e Maria tem alguns afazeres para fazer no Facebook. Surge uma discussão; os pais culpam os filhos de serem mal- educados e não terem boas maneiras.

Após a discussão os pais falam um com o outro. O que devem fazer? A mãe tem uma ideia.

Porque que não encontrarem-se com outros psiquiatras no seu gabinete e falarem sobre isso com alguns colegas?

Os pais têm algumas conversas telefónicas, e ao final da tarde um pequeno grupo de psicólogos e psiquiatras encontra-se para trocar pontos de vista no escritório.

Cristiano e Maria são surpreendidos, pois ao regressarem da reunião, os seus pais explicam que eles não têm de ir à igreja no Natal. Maria quer saber porque é que os seus pais mudaram de opinião. A mãe responde que os seus colegas analisaram- nos, e verificaram que ambos estavam um bocado doentes, e que os seus pais eram um bocado religiosos, e por fim que a religião é uma espécie de doença cerebral.

99. Crowdfunding para uma nova cozinha

Melinda é uma jovem da Porto. Durante anos ela planeava adquirir uma nova cozinha. O problema era que ela ainda vivia em casa dos seus pais, mais concretamente no seu sótão.

Tinha uma pequena *kitchenette*, tal como num hotel, equipada com um micro-ondas e uma cafeteira.

Melinda sempre gostou de esquadrinhar livros de receitas e já tinha transferido centenas de receitas do Amazon, e para ser franco, ela era uma ótima chefe de cozinha.

Os seus pais não estavam interessados na cozinha moderna. Mas por que razão? Eles sempre comeram refeições simples americanas, que geralmente consistiam em batatas fritas, feijões, salsichas e ingredientes vulgares.

Como a Melinda já tinha trinta anos, a sua família esperava que ela finalmente encontrasse um companheiro, casa-se e constituísse família. Mas Melinda tinha um problema. Ela não trabalhava, e o desemprego torna a vida difícil, em toda o lado.

Com trabalho ou sem - ela precisava da cozinha. Ela tinha juntado seiscentos euros.

Na esquina havia uma enorme loja de produtos para o lar que tinha sempre desc

ontos para cozinhas à segunda-feira.

Mas não era só isto. As drogarias, tal como os supermercados, podem ser lugares onde se pode frequentemente encontrar os vizinhos e amigos. Na segunda-feira de manhã, a Melinda ficou na entrada principal e esperou.

De facto, depois de vinte minutos apareceu o primeiro vizinho. Melinda não hesitou. Ela disse à senhora idosa que ela precisava urgentemente de comprar uma panela de pressão, pois a antiga partiu-se e ela precisava de trinta dólares para uma nova.

Depois de algum tempo, a mulher deu-lhe o dinheiro. Funcionou na perfeição; A Melinda encontrou meia dúzia de vizinhos e conhecidos, e ao meio-dia, ela tinha dinheiro suficiente para a nova cozinha.

100. A Senhora Borrachona

As pessoas de Faro pensavam que Marta
vinha duma cidade insignificante no centro do
País. As pessoas também diziam, que ela
falava com sotaque e muitas pessoas idosas
ainda diziam, que ela veio originalmente da
Roménia.

As vezes Marta ia ao restaurante e aí toda a
gente, que estava interessado nela, podia
ouvir que ela vivia com a sua filha adulta, Às
vezes ela podia ouviruma jovem mulher que
alegadamente iria no próximo verão a
Londres para estudar. É também sabido que
Marta tem um dachshund chamado Max, com
quem ela toma faz caminhadas, pelo menos
uma vez por dia.

Ela também tinha dinheiro, pensava a maior
parte das pessoas, mas ela não trabalhava.
Marta tinha um segredo público, ela adorava
beber vinho. Uma a duas garrafas de vinho
tinto por dia, e ela preferia beber o vinho
sozinha.

No início da tarde, ela começava a beber e
continuava a noite.

Era melhor do que ir ao pub e perder sua reputação lá, pensou ela.

Ela, em parte, tinha perdido a sua reputação, porque ela era regularmente vista no supermercado local Aldi com um carrinho de compras cheio de garrafas de vinho.

O que a cidade estava realmente interessada era o que ela realmente fazia, e porque é que ela queria viver sozinha? Às vezes ela também parecia estar a viajar.

Um dia antes do Natal, um veículo escuro estacionou à frente de sua casa. Homens e mulheres em uniformes; seria a polícia? Não sabíamos.

Curiosamente, alguns dias depois um outro veículo estacionou em frente à sua porta. Desta vez era uma carrinha branca. Marta usava óculos de sol neste dia de inverno escuro, e foi apressadamente para dentro do veículo e a carrinha desapareceu.

Um vizinho afirmou que a carrinha tinha uma matrícula estrangeira com uma bandeira azul e branca pequena nela.

101. Como encontrar um bilionário num cruzeiro

O meu nome é Elli e tudo começa amanhã. Fazer as malas não é pera doce, e embora eu me tenha preparado há semanas, eu tenho neste momento problemas em manter-me lúcido. Eu preciso de saber exatamente o que tenho que levar, e o que tenho de deixar em casa. Eu acabei de ler que não devo levar nenhumas garrafas ou alimentos comigo.

O cruzeiro começa na Itália. Não há nenhum cruzeiro real que comece na Inglaterra, exceto pequenos cruzeiros fluviais, mas esses são exclusivamente para os aposentados.

As minhas férias no cruzeiro começam amanhã ao final da tarde. É um enorme navio com várias piscinas e muitos restaurantes. A ideia de reservar um cruzeiro para as minhas férias surgiu-me quando encontrei recentemente uma velha amiga. Ela já tinha espalhado a notícia de que ela encontrou o homem dos seus sonhos.

A vida pode ser tão bela. Dez anos de namoro online e, finalmente, a minha amiga com excesso de peso encontrou um namorado. Ele deve ser um gajo rico; agora sei quanto um tal cruzeiro custa. A viagem custa mais de cinco mil libras, mas a sua viagem deve ter sido ainda mais cara. O meu pensamento vagueia entre fazer as malas e homens chiquérrimos, cocktails e produtos de higiene pessoal. É melhor ter bastantes.

Felizmente os tampões e champôs não pesam muito. Ouço a campainha a tocar. Quem será, estou com pressa!

"Olá, Jane! Que surpresa!"

"Olá Elli, só queria dizer um último olá, antes de começares o teu cruzeiro amanhã.

Apresento-te o meu noivo. Esta é o Bobo de Manila. "

"Prazer em conhecê-lo." "Olá!"

"Ele fala bem inglês?"

"Ele fala inglês muito bem. Afinal de contas, ele trabalhava num cruzeiro, foi onde eu o conheci. Ele era um empregado de mesa lá. Ele é um homem perfeitamente capaz!"

102. Um churrasco à tarde

O Tomás e a Ana têm filhos que ainda vivem na sua casa, mas o casal esteve separado por um período curto de tempo.

Felizmente, o Tomás ainda tem um pequeno apartamento na cidade e deixou a casa para Ana e os filhos. Os pais da Ana estão ambos próximos dos oitenta anos e estão a festejar as suas bodas de prata no fim de semana.

Chegou o momento: num bonito verão quentinho, o pai de Ana, Jaime tem uma ideia. Porque não organizar um churrasco à tarde no jardim do Tomás. Os amigos, as crianças e familiares – viriam todos. Para além disso, Jaime sempre gostou do Tomás. A final, eles são os dois caçadores num clube de caça. Separados ou não, seria uma ótima tarde de churrasco.

Jaime chama a sua filha e espera uma promessa para o fim de semana. Custa imenso a Ana a convencer o Tomás, de entre todas as pessoas, que devia fazer um churrasco no seu próprio jardim.

Tomás concorda. É hora de começar o churrasco sábado à tarde. O carvão é aquecido, as salsichas e as costeletas de porco são colocadas na grelha, as crianças estão a brincar e os adultos estão a beber cerveja. A música está a bombar numa aparelhagem velha. O Jaime ajuda o Tomás na grelha embora seja fisicamente difícil para ele. Ele esqueceu-se dos seus óculos. De repente, Tomás lembra-se que ele tem um presente para Jaime.

Ele corre rapidamente para o carro e pega numa caixa, que entrega a Jaime. Jaime fica bastante surpreendido quando abre o seu presente. É uma grande faca de caça com um alça de chifre!

Tomás explica que esta era uma faca muito especial por um cuteleiro tradicional. Uma faca para colecionadores! A bela tarde chegou ao fim. Quando Tomás está prestes a sair, Ana dá-lhe um beijo, e diz que quer falar com ele no dia seguinte. No domingo Tomás e Ana encontram-se novamente. Ela ainda se sente muito grata pela esplêndida tarde de churrasco.

Eles conversam e Tomás diz-lhe, que durante a sua relação nem tudo foi mau. Ana faz uma proposta a Tomás; eles podiam viver juntos novamente para o bem das crianças.

Na verdade, após uma semana a família junta-se novamente. Tomás está muito feliz, especialmente porque uma faca barata dum mercado Tailandês conseguiu causar uma boa impressão.

103. O tesouro no bosque

João Silva é uma pessoa romântica. Embora ele já tivesse 18 anos nessa época, ele estava mais interessado em livros de história do que em raparigas, ao contrário dos seus amigos e colegas. Quando não dormia ou não estava ocupado com os seus trabalhos de casa ele costumava aterrar no sofá e sonhar que um dia teria muito dinheiro. Uma tarde, ele adormeceu no sofá. Ele teve um sonho vívido. Ele sonhou ter encontrado um tesouro numa ilha.

Após encontrar a arca, ele abriu-a e saiu uma pequena nuvem de fumo dela. O fumo transformou-se numa boca e uma velha voz disse: "levanta-te, vai ao bosque, encontrarás um mapa lá". O mapa estará enterrado por baixo dum velho pinheiro. Cava um buraco onde verás um fumo fumegante.

É um mapa do tesouro. Podes ficar rico se encontrares o mapa. O fumo chegou mais perto do seu rosto, de repente, o João não conseguia respirar, e ele pensou que ia morrer asfixiado.

João lembrou-se que esse dia era domingo e já devia ser tarde.

Já era outono, e uma névoa estendia-se sobre a paisagem. Atrás da casa havia um caminho, que o conduzia diretamente para o bosque. Ele seguiu o caminho e nem sequer tinha percorrido cem metros, quando viu o pinheiro e ao lado conseguia ver um fumo fino e branco a subir para o céu.

João escavou a terra e encontrou um pequeno tubo, e no seu interior, encontrou um pergaminho enrolado.

Parecia um mapa budista ou um pergaminho. Ele enrolou-o, e foi para casa.

No dia seguinte, após a escola, ele foi diretamente para uma loja, onde podiam ser vendidos ouro e outros objetos de valor. Ele não obteve nenhum dinheiro pelo mapa. João foi para casa, deitou-se no sofá e adormeceu.

Ele sonhou que nunca precisaria de dinheiro. Quando acordou, olhou a sorrir para o mapa do tesouro. O dinheiro e o tesouro já não eram importantes para ele.

104. O eremita da parque natural

As pessoas dizem que Michael é um eremita. Mas isso é somente parcialmente verdade. A verdade é el vive solidário em um parque natural afastado de qualquer grande cidade.

Um eremita é maioritariamente pobre em bens materiais, e isto também se aplica a Michael. Nenhum radiador elétrico e estritamente falando, nem mesmo eletricidade. Mas ele consegue um pouco de eletricidade para cozinhar porque ele tem um fogão na frente de sua casa onde ele instalou um gerador.

Ainda há água suficiente; nas traseiras da sua habitação, a água flui praticamente para fora do telhado e ao longo da parede até que desaparece no chão. Fora isto, ele está bem equipado.

Tem uma grande cama, pequenos armários nos recantos, uma casa de banho de acampamento feita à mão, uma aparelhagem, um aparelho de TV a cores, e o seu computador tem internet com uma conexão via satélite. Para carregar os seus dispositivos menores, ele vai de bicicleta aos seus vizinhos distantes.

Uma vez por semana ele anda de bicicleta à aldeia que fica a 10 milhas de distância, onde vai fazer compras no supermercado. Michael tem um sonho, ele quer uma casa de banho moderna e, mais importante que isto, uma verdadeira, janela panorâmica fechado.

O problema é que a sua habitação tem várias entradas mais pequenas e na frente uma enorme entrada com mais de cinco metros de largura. A entrada está realmente aberta na maioria das vezes porque não há porta que adequada ela, e o filme plástico não ajuda, se estiver frio e a chover lá fora.

Mas a vista fora desta enorme entrada é fantástica. Michael vive rodeado por montanhas e florestas, e de lá ele pode olhar para um amplo vale e para as montanhas opostas. A vista inspira Michael.

Ele sente-se ainda jovem, e um dia ele quer ser um arquiteto. Se isso não funcionar, talvez um escritor ou um artista.

Outro problema é que nenhuma porta e nenhuma janela encaixam-se na forma incomum desta entrada enorme. Os amigos visitaram-no, mas mesmo para eles a situação parecia bastante difícil.

Eles dizem que é impossível instalar uma janela panorâmica lá, porque Michael está a viver numa caverna, onde costumavam viver ursos e humanos primitivos há dez mil anos atrás.

105. Americanos na Alemanha

Berta e Willi são pensionistas, são originalmente de Hamburgo, mas passam a maior parte de seu tempo na Baviera, um estado na Alemanha do Sul. Há muitos anos atrás, compraram uma casa de campo numa aldeia.

O casal vem de lares humildes. Willi trabalhou como motorista de autocarro e a sua esposa Berta trabalhava num supermercado. Ambos não são intelectuais, mas são felizes, porque ambos são saudáveis e conseguem pagar uma bela casa na Baviera. Uma tarde, a campainha toca.

Willi abre a porta e à frente dele está um homem com os seus dois filhos. Estrangeiros.

"Bom dia, como posso ajudá-lo?" pergunta Willi.

O homem responde num idioma que ele não entende. Willi chama sua esposa. Berta cumprimenta as pessoas que estão a falar entusiasticamente, mas Berta e Willi não entende uma palavra.

"Eu acho que estão a falar em inglês." disse Berta.

Os filhos dos estrangeiros acenam com cabeça e quase parecem aplaudir.

De repente, o homem estrangeiro vai ao seu bolso e tira uma fotografia a preto e branco para fora. Ele revela-a a Berta e Willi. Willi põe os seus óculos e acena com a cabeça amigavelmente.

A família de estrangeiros aplaude e as crianças abraçam Willi.

Sem hesitação a família de estrangeiros entra de rompante na casa. Eles estão falando no seu idioma e parecem estar mais do que felizes. O homem aponta para o relógio de cuco e depois aponta com o dedo para o seu peito.

Berta sorri. "Ele parece ter o mesmo."

Os filhos entram na cozinha e abrem o frigorífico.

Berta e Willi os seguem

"Estão com fome?", pergunta Berta. "Hoje temos chucrute com salsicha, vou aquecê-lo para vocês."

As crianças abraçam Berta, e o homem estrangeiro aperta a mão de Willi. Na mesa comem e riem e de repente Willi entende algumas palavras.

"América, avô!" Willi e Berta acenam com a cabeça amigavelmente, e os estrangeiros falam tudo duma assentada.

De repente, a família estrangeira levanta-se, e abraça a Berta e o Willi. Ao despedir-se, o homem estrangeiro entrega a fotografia a Willi. Willi acena com a cabeça. Então a família vai-se embora. Willi olha de novo para a foto e diz a Berta: "Este pode ter sido o antigo proprietário quando era jovem."

"Sim, mas quem eram estas pessoas?"

106. A empregada polaca

Maria é da Polónia e trabalha duas vezes por semana como empregada doméstica numa casa grande. A casa pertence à Sra. Carling, que vive sozinha. De vez em quando o seu filho vem visitá-la. O seu filho está desempregado e recebe algum dinheiro da sua mãe.

O filho vive na casa dum amigo. O filho vem ter frequentemente com a sua mãe de manhã, e fica a ver TV. Se o tempo estiver bom, ele senta-se numa cadeira no terraço a beber cerveja. Maria tem que levar as garrafas de cerveja vazias para a cave. Na cave também há muitas caixas com garrafas cheias de cerveja guardadas. O filho encomenda a cerveja num grossista. A Sra. Carling trabalha muito. Ela trabalha numa fábrica e chega a casa muito tarde. Ela telefona muitas vezes ao seu filho.

Um dia, o filho vai ter com a Maria e diz: "Eu vou fazer uma viagem para a Espanha durante algumas semanas. Não digas nada à minha mãe. Faz com que pareça que eu esteja aqui regularmente."

"Sem problemas.", diz Maria.

No dia seguinte tudo parece estar normal. A Sra. Carling chama a Maria e pergunta se o seu filho estava em casa e se tudo estava bem.

"Sim, Sra. Carling, está tudo bem." Maria está sentada no terraço a beber cerveja. Ela vai levar as garrafas vazias para a porão.

DOWNLOAD AUDIO

(Stories 55 - 96)

Please click or type the following URL into your browser:

goo.gl/MY8Lqj

Thank you for your time reading this book. We hope you have enjoyed reading the short stories, but most importantly, we hope that your Portuguese has improved as a result.

Why not sharing these short stories with anyone you care about? We'd like to ask you for a favor, would you be kind enough to leave a review for this book on Amazon? It helps other people to find this book, and you would do something positive to spread the language. Anyway, it'd be greatly appreciated!

Thanks again and all the best!

http://world-language-institute-spain.mozello.com/

CPSIA information can be obtained
at www.ICGtesting.com
Printed in the USA
LVHW081346181220
674528LV00038B/634